后浪出版公司

科举史

[日] 宫崎市定

著

马云超 译

海峡出版发行集团 | 海峡书局
THE STRAITS PUBLISHING & DISTRIBUTING GROUP

目 录

东洋文库本《科举史》序

本书是昭和二十一年（1946年）十月由秋田屋发行的原版《科举》的增订再版本。之所以称之为原版，是因为该书曾由于销路不畅且秋田屋倒闭而一度绝版，我自己也打消了重刊的念头。昭和三十八年（1963年），我在友人的推荐下向中公新书寄去一书，当时尽管是全新的稿件，但仍以"科举"为名，只是刊行时加上了"中国的考试地狱"这一副标题以示区别。

然而，世间对原版的《科举》仍有需求，就连纸质粗劣的旧书的价格都被炒到极高，这着实令人惊奇。其实，原版《科举》成书仓促，我自己也有诸多不满，长期以来怀着必须增订的使命感。此次，我接受平凡社的邀请，在原版基础上加以增订，更名为《科举史》，重新刊行。

宫崎市定

昭和六十二年（1987年）二月

绪　论

科举是中国的高等官员资格考试制度，从隋代到清末实行了一千三百余年。尽管其中多少有些变革，但作为一项制度，延续如此长的时间，在世界历史上都称得上是罕见的现象。可以说，科举是具有中国特色的制度，科举制度给中国社会带来了极为深远的影响。通过科举能够窥见中国文化特质的一斑，在论及中国民族性的本质时，也必须将科举带来的后天性一并考虑进去。总之，谈及中国，就不能无视科举。

所谓"科举"，就是分科选举。考试不止一种，而是分成几科，称为"科目"。这里的"选举"一词与日本今天的用法不同，是指官吏的任用制度。所以，科举的原意是通过分成几个科目的考试，从民众中选拔各方面的俊才任用为官吏。如果要探求科举的历史性与社会性意义，与其考察科举制本身，不如将它与相关的周边事物加以比较才更为有效。下面我将从两三个视角出发，通过这样的方法瞥见科举性质的一角。

　　首先，科举的着眼点归根到底是测验个人的才能，然后选拔为官吏，这与官员地位世袭的封建制度正好相反。封建制度在中国的崩溃很早，但封建性的制度长期残留，在官员任用方面就存在着与科举并行的封建性选举。比如任子制度，又称为恩荫制度，高官子弟凭借父祖的余荫，不经筛选就能获得官位，可以说是古老封建制度的遗风。中世时期^①，整个魏晋南北朝实行九品官人法，这本是以打破封建贵族制度、从一般民众中选拔俊才作为理想出发点的制度，但在当时的权势者，即贵族门阀势力的压力下扭曲变形，反而成为拥护贵族世袭官位的封建性制度。不过，任子制度也好，九品官人制也好，虽说具有封建性质，但都不同于真正的封建制度。在真正的封建制下，后继者可以毫无遗留地继承父祖的财产和地位，但任子通过父祖庇荫所获得的地位要比父祖低得多，九品官人法则仅仅是出于贵族之间的道义而相互尊重门阀的既得权力，除此以外没有任何的法律依据。因此，即便是名门子弟，一旦在官场竞争中落伍，不知不觉就会沦落为失败者，遭到世人的抛弃。

　　历代天子都有一大夙愿，那就是改变分权性质的封建遗风，建立起中央集权的制度。隋代建立的科举制有力地打击了六朝时期的贵族制度，唐代新兴的贵族群体到宋代再次落伍并走向没落，科举制至此才成为任用官员的正道，获得了社会的认可。这绝非

---

① 日本京都学派将中国近代以前的历史分为"古代""中世""近世"三个阶段，"古代"指有史以来到东汉末年，"中世"指东汉灭亡到五代十国时期，"近世"指宋代到清代。（本书脚注未见特殊情况皆为译者注。）

偶然，科举是与天子的中央集权制相辅相成而发展起来的制度，同时也是为天子的专制权力起到辅弼作用的制度。正因为如此，有人说所谓科举就是天子为确立自身专制权力而将天下英雄尽数去势的谋略。

唐太宗曾看着新进士的队列感叹，"天下英雄尽入我彀中矣"。于是后人作诗道："太宗皇帝真长策，赚得英雄尽白头。"（太宗皇帝设计了巧妙的计谋，使得有壮志的天下英雄都在读书中花白了头发。）这种说法击中了一部分事实，科举的兴盛确实与天子专制权力的发达有着密切关联，但是我们不能因此过于看重天子个人的影响，因为个人意愿只有在与社会动向形成一致时，才会变为不可逆转的潮流。与其说科举制的确立是基于唐太宗、宋太祖、宋太宗等个人的意愿，不如说这是他们所生活时代的大势所趋。

第二个问题是科举与学校的关系。科举是取士制度，学校是教育士人的机构。两者本来泾渭分明，但又有着极为密切的关联，甚至于常常被混为一谈。学校培养士人就是为了录用官员，因此学校同时承担了官吏任用考试的一部分甚至全部，宋代的大学制度就是如此。另一方面，科举虽为取士而生，但前提是存在接受过教育的士人，因此常常给人感觉教育包含在科举制度之中，至少教育制度隶属科举制度，教育几乎是针对科举考试进行的准备，明清的制度正是如此。但是，学校不同于科举，不完全依赖朝廷的保护和奖励。虽然官学衰退、萎靡不振，私学却往往散发出生机和活力。明清时代的官学完全隶属科举，但民间作为辅助的私学始终发挥着教育的作用。不过，它们中的大多数依然是科举的预备学校，这一性质并没有改变。有人认为，明清的学校隶属科举，同时又将其功能让渡给民间的私学，本身只剩下一个空壳。

在明清制度中，从县衙对童生进行的县试直到天子亲临的殿试，这一系列考试本质上是没什么区别的大小考试的连续。但从法制上来说，县试、府试、院试是学校附带的考试，属于学校制度，在清朝的法制书中记载于《学政全书》；从乡试以上，也就是会试、殿试的阶段才是法律意义上的科举，也就是官吏任用考试，记录在《科场条例》之中。不过这完全是表面上的区分，施行的官吏和应试的学生都不会意识到两者的差别，而是笼统地视为"科举之路"。

第三，当时存在着与科举极其相似却不属于科举的官吏任用考试，它与科举之间的关系值得注意。一般认为，科举制度可以追溯到汉代的孝廉或贤良方正等官吏任用制度。在这种汉代官吏任用法中，有时朝廷也会举行考试检验官员的才能。这一点与科举十分相似，但两者间存在着无法逾越的差异，即汉代选举的候选人是通过他人举荐进入朝廷的，而科举的候选人则是自愿参加考试。进入科举时代后，与科举制并行的他荐制度依然存在，比如为选拔特殊人才而屡屡进行的制举。制举也分为博学鸿词、山林隐逸等多个考试科目，但它不能称为"科举"，因为必须等待他人的推荐。如此看来，尽管科举制度发源于汉代的选举，但汉代的他荐制并非完全转变为近世科举的自荐制，他荐制的选举以"制科"的名义依然延续了下来。

第四，近世中还存在着与科举无关的其他官吏任用方法，探讨它们与科举的关系，有助于我们了解科举制效力的极限。科举分为文科举和武科举，两者不仅性质上截然不同，社会意义也不可同日而语。说起科举，通常指的是文科举，武科举是不在考虑之列的，而且武举出身的武进士与科举以外的所谓杂流出身并没有太大区别。中国近世的官员分为文武两班，只有文官才受到社会的尊敬，武官往往遭到忽视。武官只能指挥军中的一支部队，全军的统帅权则由文官掌握，统帅权和军政权都归属文官，而不是武官。此外，武官的职责与其说是保卫国土等军事性任务，不如说是充当警察、杂役等低级的劳动力，因此武官地位极低，在官场中处于无足轻重的地位。不过他们依然是官，这一点是不会变的。占据官吏半数的武官几乎与科举无关，尽管有极少数是武举出身，但也只是名义上与科举有关，这一事实给科举的社会意义带来了巨大的制约。

即便在文官之中，除了科举，还有任子出身、胥吏出身，以及科举中途进入官场的举人、生员、监生出身等，这一数字同样庞大。进士出身者在数量上通常没有优势，但能够在质量上取胜。所谓质量并非纯粹的实力，而是指事实上进士出身者垄断了中央和地方上最重要的中枢机关。不过，数量终究是力量，进士群体的周边围绕着大量非进士出身的群体，不得不说，这再次制约了科举的社会效力。

唐代录用的进士数量很少，每年通常在二三十人，准进士诸科在一百人上下。与此相对，实干家出身和军功出身的高等官员在数量上要多十倍，每年号称有一千五百人到两千人。宋代科举，三年一次成为定例，从废除诸科、独尊进士的北宋中期到南宋时期，每年的及第人数四五百人。在疆域减半的南宋，不断涌现的准官吏给叙任实官带来了困难。尽管宋代以后伴随财政政策的膨胀和细化，需要的官吏数量增加，但进士的地位被看得十分高贵，无法就任低等级的官职，进士的高地位反而成了他们任职的阻碍。此后整个明清时代，这样的倾向有增无减，进士赋闲引发了严重的社会问题，从中不难看出进士本身社会地位的低下。总之，进士的意义不在于数量而在于质量，其社会重要性自然也有限。

第一章

科举的沿革

明代以前的科举

有人说，科举制度源于汉，兴于隋，盛于唐，成于宋（《山堂考索续集》卷三八）。[①] 此言甚善，但必须再加上一个事实，那就是宋代以后，特别是进入明代后，科举将学校制度包含其中，从而获得了巨大的扩充和完善。

所谓科举制度源于汉，是指肇始于西汉的贤良方正、直言极谏等科，以及东汉大为兴盛的孝廉等科目。在汉代之前的封建制度下，官位原则上是世袭的，官吏选拔并没有成为问题。即便存在世袭之外拔擢贤能庶民的情况，也是通过君主的恩典或者军功，所以并没有制度化的必要。而到汉朝施行郡县制之后，朝廷开始面临如何补充官吏接班人的问题。汉代施行所谓乡制，地方自治的色彩很浓，一般的地方政治可以完全交托给当地的权势群

---

① 《山堂考索续集》原文为"故科目兆于汉，兴于隋，著于唐，而备于宋朝"。

体，但是参与制定最高国策的有用人才必须通过特定的方法选拔任用，从而防止官僚阶层的固化。于是，朝廷屡屡下诏，由郡国向中央报告拥有贤良方正、直言极谏等资格的人才，并且给予特殊的拔擢。但是，这在西汉还没有成为定制，只是依据一时的需要，下特诏求取人才而已。到了东汉，官吏选拔制度终于迎来了法制化。首先，汉和帝时规定了郡国向中央察举的人数，确立依据人口比例推举孝廉的制度。具体而言，郡国人口在二十万左右，则每年举孝廉一人，四十万为两人，六十万为三人，八十万为四人，一百万为五人，一百二十万为六人，不满二十万的郡国每两年推举一人，不满十万的每三年推举一人，以此类推。此外，孝廉必须年满四十岁，察举的郡国长官需要在任一年以上。地方的选举权统归郡国长官的守相，但实际执行人是功曹。此外，朝廷的三公会派遣东西曹，天子本人也会下令吏曹尚书主持选举。孝廉科起于西汉，进入东汉后极为盛行，尽管还有明经、有道、茂才等科目，但唯有孝廉一枝独秀，仿佛东汉的选举就是专指孝廉一般。

　　举荐到中央的人才，通过考试决定是否录用，这一点和后世的进士相似，但这里也可以看出它们有着根本差异，那就是汉代的选举归根到底是基于地方官的推荐，而后世的科举则是候选人自愿参加考试。汉代的重点在于地方官的推荐本身，所谓对策云云，起初也不是考试的意思，只是好不容易选拔了出色的人才，天子向他们征求政治上的意见而已。这一层含义逐渐演变为对人物的考察，但这样的考试是十分简单的。与此相反，后世的科举是候选人的自荐，对他们的考察则十分严格，录用与否完全由考试的成绩决定。以上几点既是汉代选举制的优点，但同时也是缺点。虽然汉代的选举和后世的科举有着极为相似相通的性质，但并非由选举直接发展为科举制，中间还穿插了六朝时代贵族性质的九品官人法，这正是以他人举荐作为本位的制度弱点暴露并不断扩大的结果。

在东汉朝廷中，作为民众表率的官吏被特别要求孝行和廉洁，于是出现了孝廉科的全盛。然而，选举之权完全掌握在郡国守相的手中，郡国守相又是由朝廷任命的，这就意味着选举终究无法摆脱中央权贵的干涉和请托。河南尹田钦举荐六名孝廉时，因无法拒绝权贵的请托，于是在举荐五名不称意的人选后，又推举了名士种暠，以此免于世间的清议，这是非常有名的故事。此外，汉代的土著豪强依然有权插手地方政治，有时维持郡国的治安不得不借助他们的力量，因此守相不能无视地方上的舆论。如此一来，守相的立场非常为难，不谄媚中央则无法保全地位，违反了地方舆论就难以履行职责。如果从这一层面观察东汉末年的大事件，可以说党锢问题就是当时中央权力与地方势力的矛盾无法调和并最终激化的产物。

党锢骚动后，天下持续混乱，群雄割据的局面给地方豪族的抬头提供了机会。魏国的曹操之所以能够称霸，其实就是对豪族群体驾驭得当的结果。不独曹魏，吴蜀两国为保全地盘都不能无视豪族的存在。诸葛亮在蜀国得到重用，这当然是因为他个人的卓越才能，但不容忽视的是，他所在的家族自西汉诸葛丰以来，代代都是南方名家，其声望在地方豪族中占有一席之地。因此，魏、吴都为笼络诸葛氏而积极奔走，魏国得诸葛诞，吴国得诸葛瑾，蜀国则得到了诸葛瑾的弟弟诸葛亮。恐怕刘备初次结识诸葛亮时，最看重的是他作为外交家的价值。

　　基于尚书陈群的建议，魏文帝开始推行九品官人法，也就是所谓九品中正制，这本来是出于网罗地方人才的目的，但同时也导致朝廷认可了地方豪族的既得权力。换言之，此前选拔地方人才的权力掌握在由中央任免的郡国守相手中，但依据九品中正制，各州、各郡、各县都设置专门执掌选举的中正官，该职位必须由当地人担任。中正官将区域内的人物划为一到九品的九个等级后推荐给中央，朝廷基于这一内部呈报授予官位，故而称为"九品官人"，也就是用九品任人为官之意。中正官必须是当地人，这意味着将选举权委托地方，而地方的实权者无非是豪族群体，将选举权委托地方意味着委托地方豪族。于是，地方豪族群体手握推举官吏的权力，通过与中央政权的密切联系，进一步巩固地方实力，这正是六朝贵族制度确立的一大契机。

　　如前所说，九品官人法的初衷是从广袤的地方社会中无所遗漏地搜访网罗人才，但当时正值地方豪族发展兴盛之际，这样的制度一旦开始，就给地方豪族扶植封建性势力提供了绝佳的机会。豪族的官位垄断及其与中央政界的接触意味着豪族的贵族化，贯穿六朝的贵族制度就这样建立起来了。

　　六朝时期，地方中正完全沦为贵族性质的机构，其结果是选举人物全部都是贵族子弟，正是所谓"上品无寒门，下品无势族"

的状态。贵族制度一旦确立，其势头就无法遏制，即便有时出现意图建立专制权力的君主对贵族加以压制，但终究无法成功。也就是说，君主虽然可能一时打倒个别贵族，但不可能破坏贵族制度本身。盘踞在金字塔顶端的权势贵族有时跌落，但终究会由二流、三流的贵族填补他的位置，由贵族群体组成的金字塔本身则如同不死不灭的凤凰。

不过，六朝时期的贵族制度在南北朝之间多少存在形态上的差异。中国北部自五胡民族南下以来，一直处在大小夷狄君主的武力统治之下，汉民族不得不蛰伏于被统治的地位。然而，汉人贵族的经济实力，即对土地和农民的统治力，最终迫使统治者站到了寻求合作和帮助的立场上。北魏之所以称霸中国北部，既是武力的胜利，同时也是成功把握汉人贵族人心的结果。北魏皇室功臣等封建武士集团在利用汉人贵族的同时，自己也汉化为新兴的贵族。新民族统治阶层的贵族化，反而给中国北部的贵族制度带来了刺激和活力，总体上起到了强化贵族制的作用。然而，中国北部的贵族制度时常受到武断派帝王的专制权力的制约，贵族势力的扩张本身具有一定的限度。具体而言，贵族必须在政权的庇护下才能成为贵族，他们的经济既得权有时会遭到中央权力的干涉。北朝时期朝廷常常强制实行田地均分政策，这无疑是对贵族私有土地和民众的干涉。受其影响，中国北部的贵族群体豪族性质薄弱，官僚色彩浓厚。于是，巩固的中央集权王朝首先在中国北部登场，隋唐两代王朝便是如此。

反观南朝，受拥戴的都是军阀出身的帝王。中国南方的军队由当地军人和北方来的侨寓军人混合组成，军阀势力无法充分组织化，因此，历次乱局中崛起的军阀皇帝无法将实力渗透到领土的每个角落。帝王对自身的地位深感不安，为了王朝的维系，不得不寻求贵族群体的支援。然而，贵族的态度往往十分冷淡，他们只顾追求个人利益，将王朝更迭单纯视作军阀领袖的私斗，缺少与王朝命运休戚与共的热情。东晋灭亡后，宋、齐、梁、陈四个短命王朝相继上台，但大多数贵族都无视这些，他们为自己古老而高贵的家世感到荣耀，耻于和暴发户君主们比较门第优劣。不过，南朝贵族方面也有弱点。因为他们在成为贵族后与中央政权保持接触，时常被任命为朝廷高官，由于豪族数量众多，朝廷的官位有限，自然引发了豪族间的竞争。为了维持自己的门第，贵族们一方面轻视王室，另一方面却进出朝廷，力图在激烈的官位竞争中占据优势。有迹象表明，南朝天子屡屡利用这一弱点向贵族群体发起攻势，致力于推进中央集权。

无论南方还是北方，整个六朝时代的贵族制度都是不得已的存在，终究无法与君主的中央集权政策相容。而确认贵族地位、成为其进出官场背景的，正是前文说到的九品官人法。不过，这一制度在长期实行过程中也走进了死胡同。贵族家庭的特权得到了承认，比如某家代代都从中正处获得"家格二品"的资格，那就被认定为"乡品二品"，这一家出身的子弟最初都会担任比乡品低四品的六品官，这就是"定起家"，然后逐渐晋升为二品官员。由于豪族家庭人口剧增，被定为"乡品二品"的青年数量逐年攀升，但朝廷方面的官员数量是一定的，因此，即便获得了理应初任六品的资格，也不一定马上就能实现。中正的查定逐渐沦为空头支票。

进入南北朝时期后，南北朝廷对待这一问题的态度截然不同。南朝通过中央官职改革吸收剩余人员，以此维系传统的九品官人制度。梁武帝的新官品制度即为其中一例，他将原来的六品以上官位重新分为九品，同品官之间又设有清浊之分，以此调节官员的晋升速度。

北朝的君主由于是少数民族出身，对九品官人法缺乏兴趣，因而致力于复活汉代的秀才、孝廉制度。在北魏孝文帝的新制中，各州推举的人称为"秀才"，各郡推举的人称为"孝廉"，而强化对秀才、孝廉的考试制度则是从北齐开始的。这其实是中世选举制的一大转机，后代的科举制精神可以视作滥觞于此。北齐的考试由天子亲临朝堂，任命中书考试秀才，以考功郎中策试孝廉贤良，答案中出现脱误者罚站在座席后方、书写拙劣者罚喝一升墨水，以此作为羞辱。到了继承北朝而统一天下的隋朝，朝廷越发重视科试，特别是针对选拔特殊人才而设立的秀才科，考试极为严格慎重。终隋一代，秀才出身者不满十人，而杜氏一门就有杜正元、杜正藏、杜正伦三名秀才，堪称前所未有的盛事。朝廷对考试的重视，其实意味着对代表贵族舆论的中正推荐制度的轻蔑。到了开皇三年（583年），州郡僚属全部改为中央派遣，包含中正在内的原有当地官员停职，称之为"乡官"。选举任务由地方长官兼任，但朝廷不再重视地方官员的内部报告，而是独立设置严格的考试制度选拔官吏候补人员，这一举措的必然结果就是科举制度的建立。

一般认为，科举制开始于隋炀帝时期，以大业年间设立进士科作为划时代的事件。事实上，进士早在前代隋文帝时就已经存在。不仅如此，隋代考试制度的中心科目是前朝以来的秀才，秀才以外设立了并行的进士等科。即便唐初的科举，占据首席地位的依然是秀才科，进士等科目远远排在其后。至于进士科成为科举的重心，甚至于占据代表整个科举的地位，则是遥远后世的事情了。

既然如此，似乎可以把隋文帝设立秀才科考试视为科举的开端，但秀才科只是继承了前朝的制度，并不是隋代的发明，毋宁说秀才科脱离中正的控制才具有重大的意义。从这一点来看，近世科举制度的起源应当追溯到中正停止职务的开皇三年，或者是彻底废止的开皇十五年（595年）。新制度下的秀才，名义上承袭自汉代，实质上却截然不同，尽管都是通过地方官的推荐，但重点已经不是推荐，而是考试的成绩了。

从尊重地方官的推荐权到重视朝廷考试的成绩，这一变化从其他角度考察同样意味深长。以中正的荐举为例，对人物的考察必须参考舆论，经过长年累月的亲眼观察才能得出结论，尽管只是名义，但在官吏资格的考察中仍保留着以德行为先的古风。然而，朝廷的考试限定在很短的时间内，因此考察德行是不可能的，考察的标准必然倾向于人物的才能，特别是学问和文笔。如前所述，中正制最大的弊端是沦为贵族群体的工具，成为猎官运动的门户，六朝的君主依然受到"德行第一"名义的束缚，无法挥刀将其斩断。直到隋朝，官吏任用才重新打出了"才能第一"的招牌。实际上，九品官人法的初衷与科举制相近，因此可以说，科举制放弃了纠正九品官人法的错误方向，而是通过全新的方法使选举制度重新回到正轨。此外，德行只能等待他人的内部报告，考试却只需出自个人的意愿。考试制度积重难返则采用内部报告制度，内部报告制度积重难返又复活考试制度。面对这样的事实，我们无法将之视作过去一千多年的他人之事，以为和自己风马牛不相及。

既然官吏的任用以才能优先，考试就必然衍生出各种科目。所谓全才难求，只要发现各自的长处，把他们安排到最合适的地方即可。因此，在承袭隋制的唐代科举中，科目种类更加多样化，出现了表面上最完善的机构，科举之名大约也是在此时诞生的。唐制犬多因袭隋旧，但究竟有哪些科目是继承自隋朝，已经无法一一弄清了。

如果要叙述唐代科举的考试方法，大体可以分为口试和笔试两大类。口头考试以大义和帖经为主要内容：大义是提问经史正文的义理大略，帖经是将经书（或者是算学等书）的正文（或者注文）隐去前后，只留一行，再将这一行中隐去三个字要求填写。即便不能完整地背诵经书，至少也要十分熟悉才能作答。不仅如此，有些刁钻的考官故意将一行开头或最后的文字隐去作为考题，这样考生实在太可怜了，于是又改成前后各展示一行，也就是总共展示三行。后来，帖经变成在纸上作答提交，被称为"帖由"。笔试有策、文、墨义。策是指论文，分为经策和时务策，也就是学术论文和时局评论。文又称杂文，以箴、铭、论、表等为主，后改为以诗赋为主。墨义与口义相对，不过是用笔作答，作为后世考试中经义的源头，具有重要意义。

　　唐代的科目大致是上述各类考试的组合，而六朝以来享有盛名的秀才科只在方略策五道中测试。尽管试题简单，但作为自古以来最荣耀的科目，考官不会轻易允许及第。唐初每年只有一到两人及第，唯有贞观十九年（645年）破格出现了三人。州长官负责向中央推荐候选人参加考试，万一候选人落第，州官也要受到处罚，所以没有人愿意轻易推荐秀才。到高宗初期，秀才科就废止了。

　　秀才科之后逐渐兴盛的是进士科。进士考试的内容由帖经、杂文（后改为诗、赋各一篇）和时务策五道组成。不过，帖经是明经的重点，策是秀才的重点，所以进士科的重点在于诗赋，通过诗赋决定是否及第。总之，进士考试测试经学、文学和时务三种才能，这可以视作宋代以后确立进士考试的三要素（即经义、诗赋、策论）的开端。

　　这里需要说明的是进士和明经的关系。明经从只考帖经，加上口试、策三道作为及第依据，考试最为简单，及第人数也比进士多得多，这是一直以来普遍流传的说法。然而，查看《文献通考》卷二九《选举考》，"唐登科记总目"中罗列着唐朝二百八十九年间每年录用进士的总目，其中列有秀才、进士、诸科，却没有明经。一般认为，明经理所当然计入"诸科"之中，但表中诸科的数量之和也远远不及进士的数量。《文献通考》的作者马端临也对此持有疑问，恐怕应该是"唐登科记总目"中省略了明经的数字。

虽然统称为明经，但其内容十分复杂，登科难度自然也各不相同。最困难的是五经，能够以五经全体作为帖经对象的考生，必须具备相当的学力。其次是三经、三传和三礼，再次是二经，最后还有学究一经。如此看来，明经终归是入仕的捷径，大部分举子都选择应试学究一经，应试三经或五经的考生只是特例。有唐一代，明经的竞争率是十里挑一二，比起进士的百里挑一二要容易得多，及第人数每年都达到一百人上下，但其中大部分是不足挂齿的学究一经的明经，连人数都没有留下记载。"唐登科记"中的"诸科"恐怕不包含这些简单的明经，而是与进士具有同等价值的科目出身者的合计。宋代以后"诸科"这一名称本身开始带有严重的轻蔑意味，但在唐代无疑是居于学究之上的。

应试科举必须具备学馆学生的资格。当时的京师有崇文、弘文二馆，接收皇亲国戚的子弟；长安有国子学和太学，分别接收三品以上及五品以上文武官员的子弟；还有四门学，教育六品以下官员子弟及庶人中的优异者；另有律学、书学、算学，对八品以下官员子弟及庶人进行特殊教育。此外，地方州县各有学校，从学馆学生中选拔成绩优秀者给予应试科举的资格。学馆学生以外的人，可以向州县提出申请并接受考察，然后推荐到中央应试，称为"乡贡"。唐代所说的进士，既指原来的科目名称，同时也指应试的考生，或者进士考试的及第者。因此，书中常常出现的"乡贡进士"，其实是指具有考试资格但没有通过进士考试的人，这一点与后世一提到进士就是指科举及第者的用法是不同的。

科举的考官最初由吏部考功员外郎执掌。开元二十四年（736

年），考生李昂与考官辩论不相上下，朝廷认为这是考官威严不足的结果，于是之后改由礼部侍郎主持科举。不过，这一时期科举由吏部转入礼部本身具有特殊的含义。唐代初期沿袭隋代的政策，废除六朝以来旧贵族的特权，将科举制作为自由选拔人才的方法。然而，唐代承平日久，自然出现了社会阶级的固化，新官僚贵族势力开始抬头，取代六朝贵族制，而拥护官僚贵族制度的机构——与六朝时代相同——正是掌管官员升降的吏部。开元新制剥夺了作为门阀机关的吏部势力，将录用人才的权力转交礼部。但是，礼部官员同样是官僚门阀出身，与吏部官员差别不大，只不过在官吏任用上，将资格考试的科举交予礼部，将实际派官叙任的权力交给吏部，这样的分割具有意义。此事后来还成了引发唐末党争的一大契机。

尽管科举之权移交了礼部，但成绩的评定并非时常公正，显贵的请托接连不断，有时甚至是公开的。为此，王公大臣往往被举子求为知己，门前的人流日夜不息。寒门之士戴着破帽，骑着瘦驴，三五成群地拜访达官显贵的府邸，至门前百步停下，向典客递上名刺①，请求转交自己的文章，希望以此获得显贵的青睐。这样的文章称为"求知己"，如果等不来答复，就重复上述步骤再次呈文，叫作"温卷"。如果依然得不到眷顾，就等显贵外出时拜倒在马前，自称"某人上谒者"直接请愿。既然科举已经以才为本、只重考试，古代的他荐制自然也成了自荐制，自荐制发展到了极致便产生了这种陋习，但也是无可奈何的。这还不算，举

---

① 名刺，又称"名帖"，古代拜访时通姓名用的名片，是官员交际不可缺少的工具。

子中还有将书籍带入考场的不正当行为，朝廷考场周边种植荆棘，甚至在入场时搜身，将考场称作"棘围"正是来源于此。同时，朝廷还要求举子间互作人身担保。保伍本来是为庶民设计的连坐制度，而不是对付有道君子的，这种庶民性质的制度自然加深了唐代门阀贵族对进士群体的反感和鄙夷。

在中央政府的官衙中，唯有吏部具有独特的性质。唐代的社会逐渐固化，出现了新型门阀制度，门阀主导着官吏的进退，掌管官吏升降的吏部官员只任用门阀世家的贵族子弟，吏部本身就是维护贵族制度的牙城。不过，唐代的官吏资格授予和实际叙任是截然分开的，即便礼部根据科举成绩赋予了进士及第者任官的资格，但实际成为官吏仍需要经过吏部的门槛，接受身言书判的考试。比如韩愈这样的文豪轻松通过了科举，但苦于吏部的考试。另一方面，显贵的子弟通过任子制度无须经过科举就能获得任官的资格，只要吏部的一纸文书就能实际上任。在他们眼中，科举只是贱业，进士就是暴发户。然而，贵族中也有与平民竞争、以不甘人后为荣的进步主义者，贵族并不总是鄙夷科举，其中也有热心的拥护者。于是，朝廷以科举为中心分裂成两派：进士党和任子党，他们争权夺利，这就是所谓的"牛李党争"。朝廷在内讧中延续了四十多年，党争终结之日大致也是唐朝灭亡之时。

即便在五代分裂之际，自诩正统的北方朝廷也依然实行科举，每年的及第人数也可以通过《文献通考》的"五代登科记总目"知晓。每朝的科举政策不一定相同，但不容忽视的是五代四十余年间出现了两大引人注目的倾向。

　　五代的君主多是北方夷狄出身的武将，其权力根本在于雇佣的军队，武官和文官截然区分，武官的地位远远高于文官。结果，文官官僚对君主缺乏忠诚，王朝更迭仅仅是武官系统的更换，文官基本上采取事不关己的态度。早上送走旧君，晚上就迎来新君，恬而不怪，宛如六朝时代贵族制的遗风。正因为如此，才会出现冯道这般人物：二十余年历事四姓十君，常居宰相之位。君主视文官如同奴仆，宰相也不过凭借文笔处理事务的一介书记官。文官中的高位，原则上都是科举及第者，可见，武力出身的君王即便运用科举，也意图以君主权力加以统制，尤其是重视考官的任命。李唐开元以后，举办科举的权力移交礼部，礼部侍郎担任考官，也就是"知贡举"，据说礼部侍郎的权力比宰相还大。不过，唐代中叶以后的"知贡举"不一定由礼部侍郎担任，有时也会任用中书舍人，进入五代后这种倾向逐渐确定。科举的考官每次都由君主任命，后梁乾化元年（911年）甚至以尚书仆射这样的高官担任知贡举。因为一旦考官固定为某人，自然就会产生请托的危险，这一趋势既是防止请托的发生，同时也是君主将独断任免自己满意的人选作为考官的权力握在手中。此外，唐代已经实行成绩发表后的再次审查，五代时进一步强化，成为宋朝殿试诞生的伏笔。宋代君主专制制度的确立是唐末五代长期准备的结果，在科举制度上亦是如此。

　　其次是五代时期的明经考试，重点逐渐由帖经转向了墨义。如前所述，墨义是以笔试方式测验经书的背诵，一直实行到宋初，随着宋代经义的普遍实行而自然废止。墨义的考法，比如给出"作者七人矣"这一经书的正文，提问七人是指哪七人；或者给出正文"见有礼于其君者，如孝子之养父母也"，问下文是什么；又或是围绕经书正文的注疏发问。尽管十分幼稚，但比起唐代只考帖经已经是巨大的进步，宋代以后发展成经义。另一方面，这样的考试方法也反映出当时的教育方法，宋代新学正是不满这样的旧教育，力图发明经书教育的新形式、新方法才应运而生的。

这两大倾向在宋代走到了终点，其一是伴随天子专制权力的确立，科举制度完全掌握在天子的手中；其二是关于考试的内容，适应新时代的改造经学被赋予国家指导思想的地位，并应用于科举出题，统合科举各科目归入进士科，确立了后世经义、诗赋、策论三足鼎立的考试制度。

宋初因袭五代旧制，设有进士、九经、五经、开元礼、三史、三礼、三传、学究、明法等科，但最主要的是进士和学究两科。进士只以诗赋决定取舍，学究只以墨义决定取舍，不过学究的地位极低，基本不齿于士流，重点仍在进士科。宋太祖采录进士极严，建隆元年（960年）取进士十九人，此后每年罕有超过十人，唯独开宝八年（975年）录用了三十一人，那是因为前一年没有举办科举。太祖还致力于科举的公平化，常常干预成绩的审查。

乾德五年（967年），卢多逊知贡举，太祖召集合格进士，任命参知政事薛居正在中书举行覆试[①]，结果全员合格，太祖非常满意，全部赐进士及第。开宝元年（968年），知贡举王祐上奏合格

---

① 覆试：科考用语，含义上接近现代汉语的"复试"，但"覆"字还包含审查、考察之义，并有补覆、终覆等用语，故本书中保留"覆试"的写法，不写为"复试"。

进士十名，太祖发现第六名是翰林学士陶穀之子，于是紧急命令中书举行覆试，结果并没有发现什么问题。不过太祖抓住这次机会，下令以后凡高官子弟进士合格者，一律在中书进行覆试。开宝六年（973年），李昉知贡举时上奏了十一名合格进士和二十八名诸科合格者的名字，太祖在讲武殿召见，因进士武济川、诸科刘濬资质浅陋、应对失措而大为不满，于是判其为不合格。不仅如此，当年的进士徐士廉上诉此次考试存在不公，太祖盛怒之下宣布此次考试无效，在下第者中登录成绩优良者三百六十人，从中选拔一百九十七人，与合格者一起重新参加考试。天子亲自在讲武殿主持考试，结果有进士二十六人、诸科五经四人、开元礼七人、三礼三十八人、三传二十六人、三史三人、学究十八人、明法五人定为合格。此前合格的状元宋准等人大体都给予保留，连同新合格者一起发布成绩。此外，被判为不合格的武济川被发现与知贡举李昉同乡，李昉因此遭到贬谪。

第二年开宝七年（974年）科举停止。到了开宝八年，太祖吸取前回教训，将知贡举王祐上奏的合格者全部召集，在讲武殿亲自覆试，赐进士三十一（？）人[①]、诸科二（三？）十四人及第。此后，有宋一代在礼部举行贡举（省试）之后，天子都会亲自附加殿试，明清以后成为定制。天子的殿试最初曾根据成绩设置落第分，但仁宗嘉祐二年（1057年）后，朝廷认为这种做法有损天子隆恩，于是除特殊情况，全部赐予合格，殿试仅仅确定状

---

① 此处的问号表示作者对这一数字存在疑问，下文中还有这样的用法，不再一一注明。

元以下的成绩排序。至此，宋代的科举形成了三阶制，即地方州选拔举士的解试（州试）、中央礼部知贡举进行的省试、以天子之名进行的殿试。每州举荐的举人数量有限额，称为"解额"，省试合格者则没有定额。

殿试的出现是科举制度史上的重大变革。此前的科举仅仅是中央下属部门之一的礼部举行的资格考试，六部中还有与礼部对立、甚至权限在礼部之上的吏部。官吏升迁全归吏部掌握，新进士若想实际任官，吏部会单独对其进行录用考试。考试的科目包括身、言、书、判。书、判是书法和判决文，还属于学科考试的范畴，但身、言就纯粹是人物考试，合格与否很容易受到考官爱憎的左右。如前所说，吏部是自古以来特权阶层的牙城，寒门学士恐怕是要吃闭门羹的。如今合格的进士在天子名下考试，以天子名义赐予及第，对于天子亲自首肯的进士，吏部自然无法说三道四。更何况，当时天子的专制权力延伸到各个领域，吏部的权限逐渐受到压制，官吏升迁也是天子与宰相商议后决定的。根据新进士的成绩，天子给予他们相应的地位，具体实行则交由吏部。官位的高下最初是临时性的，后来逐渐实现了固定化和制度化。

殿试的价值

由于殿试在宫中举行，时间仅限一天，成绩的发表十分仓促，因而难免存在审查上的疏漏。宋代制科出身的富弼曾提出"殿试废止论"，仁宗庆历二年（1042年）一度取消了殿试。根据富弼的意见，殿试与省试相比，省试有三长，殿试有三短，故而应当以省试成绩直接确定进士的排名。何谓三长三短？"省试主文者（考官）四五人，皆两制辞学之臣，又选馆阁官数人，以助考校；复有监守、巡查、糊名、誊录，上下相警，不容毫厘之私，（此省试）一长也；又引试凡三日，诗赋可以见辞艺，策论可以见才识，四方之士得以尽其所蕴，二长也；贡院凡两月余日研究差次，必穷功悉力，然后奏号，三长也。殿试考校之官多不精慎，（此殿试）一短也；一日试诗、赋、论三题，不能尽人之才，二短也；考校不过十日，无暇研究差次，三短也。"反对废除殿试的人认为，仅凭省试则恩情全部归于有司，实行殿试则恩情出自天子。然而，这些意见都忘记了取士的本质，尽管历代取士都委任有司进行，但恩情始终出于天子。以上就是富弼意见的概要（《宋朝事实》卷十四）。关于审查殿试的成绩，天子也有一些干预，即考官先行检阅，将认为最优秀的几卷呈报给天子，天子命读卷官读出，以天子敕裁的方式决定最终排名。仁宗朝的王洙读书声音优美，即便是下等的文章，经过他抑扬顿挫的朗读也会令听者着迷，经他读出的答卷往往能获得高分。于是，举士们常常在提交答案时祈祷："愿王楚望（洙）当读卷官。"（《归田录》）殿试的成绩优劣经常受到干扰，韩绛曾上书称"偶程文占上选，未见才实劳最，躐众人指期为卿辅，殆亡所谓"，据说此后就降低了对进士高科的恩礼（《名臣言行后录》卷十）。

宋太祖一朝，进士和诸科及第者十分稀少。太祖出身微贱，始终秉承实用主义，近乎粉饰太平的做法不是他的喜好，只有在补充必不可少的官吏时，才求诸科举。不过开宝三年（970年），太祖曾经从应试十五回以上的落第进士科和诸科举人中，选拔成绩优良者一百零六人，分别赐予各科出身和官吏资格，这是"特奏名"制度的起源。太祖后继位的太宗一改武人政治，爱好文治主义，此后进士和各科的合格人数急剧增长。太祖在位十八年，平均每年进士及第者九名，而太宗在位二十七年，平均每年有五十名进士。此外，诸科和特奏名及第出身者也随之呈现增长趋势。第三代真宗在位二十五年，平均每年进士合格七十八人，第四代仁宗在位四十一年，平均每年进士合格者达到了一百十三人。仁宗朝是北宋科举的黄金时代。

太祖之后，科举制度日益完善，不少新采用的考试方法直接被后世沿袭，成为定制。太宗太平兴国八年（983年），进士合格者首次按成绩分为甲、乙两等。雍熙二年（985年），新进士诸科赐进士及第时开始采用唱名仪式，以示荣宠。唱名是殿试合格者齐聚一堂，逐次呼名点检并拜谢天子的盛大仪式，又称为"传胪"。淳化三年（992年），殿试时采用糊名考校法，即遮盖试卷上考生的姓名，审查官在不知姓名的情况下判定成绩，然后才能开封查看，以此希望成绩的评定尽可能公正。这一方法在真宗景德四年（1007年）时应用于省试，此后大小考试都如此操作。真宗大中祥符八年（1015年），又确立誊录制度，省试中即便经过糊名的试卷也不能直接呈给考官，所有答卷都需经过胥吏誊写，在对读确认抄写无误后，才交给考官打分，合格者找出原卷比对，最后揭开糊名才能知道考生的姓名。这些制度都被后世沿袭，其目的无非是君主权力在科举领域的渗透。科举必须公正无私，这既是考生的强烈要求，也是天子杜绝考官的爱憎，使其抛弃私人恩怨的一种举措，与最终决定权集中到天子一人的要求是一致的。这些新制度与殿试的确立相得益彰，天子对科举的发言权不断扩大，成为衍生出"天子独尊"这一近世中国特色的一大助力。

进士考试的内容，在宋代经历多次变革后，形成了诗赋、经义、策论三大科目，并成为后世的定法。由于三大科目基本包含了中国古典的教养，后来科举被集中统合到进士科之中，形成了独尊进士的局面。宋初除了进士科，还有诸科。诸科的大部分是明经科，一般称为"学究"。"学究"本是"学究一经"的略称，是明经中最低等、最浅陋的一科，但其他明经只是学习的经书更多而已，考试方法也采用墨义等幼稚的形式，因此逐渐招来社会的轻视，并统合到学究的名义之下。不过，唯独九经因范围广泛而特别受到尊重，朝廷也十分重视，九经及第者的恩遇可以与进士高第者比肩。以学究为主的诸科从宋初就已存在，及第人数与进士科相当，但《文献通考》所载"宋登科记总目"多有疏漏和欠缺。比如太祖开宝五年（972年）应有进士十一人、诸科十七人及第，但"登科记总目"只列举进士十一人而未记诸科，以致给人宋初没有诸科的错觉，"宋登科记总目"的记载也不能完全相信。

从唐代开始，明经合格很容易，因此相比进士，往往被世人轻视，谚语有云："三十老明经，五十少进士。"进入宋初，明经科（学究）的名声不佳，在考场的待遇也比进士差得多。进士考试要在贡院的阶前供奉香案，考官与举士相互行礼后开始考试，供张①非常丰盛，有司准备了茶水招待考生。学究考试既没有帐幕毡席，也不提供茶水，口渴了就喝砚水，以致人人嘴唇发黑。由于学究的试题如同猜谜，只要一句话就能作答，如果设置招待，就会产生私下传递答案的风险。当时还有这样的诗句："焚香礼进士，彻幕待经生。"

北宋真宗、仁宗年间，原有的注疏经学不受待见，社会上兴起了以新见地解读经书真意的新学风。这种风气逐渐风靡天下，形成所谓"宋学"，这个学界动态很快反映到朝廷政策之中，就有了新科明经的考试制度。具体来说，仁宗嘉祐二年（1057年），进士诸科解额减半，设立新明经科，学习两经、三经、五经的考生各问大义十条，两经通过八条，三经通过六条，五经通过五条才能够合格。此外，还要测验《论语》《孝经》、时务策三条，合格者的待遇等同进士。此法一开，盛行经学的北方举子纷纷立志于明经，与主攻诗赋的进士相对立。

根据当时的规定，进士的省试、州试考察诗、赋、杂文各一篇，策五道，《论语》十帖，《春秋》或《礼记》墨义十条，但实际上承袭唐代以来的风气，考生的去留完全由诗赋的巧拙决定。殿试测试诗、赋、论，称为"三题"，依据成绩决定排名。诗赋本来是文章末技，于是有了不该以雕虫小技选拔日后宰相的议论，

---

① 供张，亦作"供帐"，指陈设供宴会使用的帷帐、用具、饮食等物。

这也成为朝廷争论的焦点。

神宗熙宁二年（1069年），朝廷对科举制进行重大改革。此后的科举完全统合在进士名下，废除新明经科，逐渐减少诸科数量，最终全部废除。新进士的考试废除诗赋，省试考察经义论策。新进士学习《诗》《书》《易》《周礼》《礼记》中的一经，无须背诵注疏，但需通其大义，同时学习《论语》《孟子》。州试分为四场，第一场一大经，第二场兼经，都测验大义十道，第三场论一首，第四场策三道，省试加试策两道。前两场决定去留，后两场决定排名。这样的新制是依据王安石、韩维等人的献策制定的，不顾苏轼等人的反对强行实施，这个问题后来成为新旧党争的一大焦点。英宗时期，三年一次的科举成为定例。熙宁二年（1069年）秋举行省试，下一年则是殿试的年份，等进了殿试考场，朝廷又临时下诏只考时务策。原来，殿试考官吕公著秘密上奏，认为历来的诗赋论不足以取尽人才，建言采用考察政治见解的时务策。神宗采纳了他的意见，此后直到清朝晚期，殿试始终采用策试。

州试和省试都将经义定为最重要的科目，经书的大义如何理解就成了问题。为此，王安石编著了关于《诗》《书》《周礼》的《三经新义》颁给考官，经书的义理完全统一到王安石的新义，经书文字的解释则依据王安石著述的《字说》。因王安石建议而兴起的科举制度改革迎合了当时新经学勃兴的潮流，此后旧法党当政时代，出于党派之心试图推翻新制，但始终未能成功。但在省试以下，复兴此前最重要的诗赋科目的主张从未断绝，这样的主张反映出中国人尊崇文章的心理。直到南宋，头场经义、次场诗赋、三场子史论和时务策的三场制形成，明清两朝成为定例。不过，伴随朱子学的兴盛，所谓经义废弃了王氏之学，代之以朱子学，这一点毋庸赘言。与此同时，从元代起必须习得的经书侧重于朱子推崇的"四书"，与"五经"并列成为不可或缺的初学者必修科目。于是，中国的科举制度在宋代基本完善，此后只是制度上更加复杂、更加庄重而已。

时代上与宋朝有所重叠的，还有虎踞北方的辽、从宋手里夺取华北的金、灭亡宋朝而奄有四百余州的元，这些少数民族王朝有着自己特殊的国情，但最终都参照科举制发明了独特的官吏任用制度，以下简单叙述其大略。

辽、金、元三朝的勃兴有些类似，都是以武立国。不过，辽只是统治了燕云十六州的汉人，金占据了华北地区，元则拥有中国全境。辽在北宋全盛之时多处采用北宋的体制，引入科举制度不仅适用于境内汉人，契丹人也可以参加。金采用辽制，特别是在世宗朝前后，科举制度进入全盛，据称得士众多。元朝原本推行蒙古至上主义，征服者意识强烈，对汉文化的理解也很有限，即便元世祖在王鹗、许衡等人建议下制定科举之法，也依然难以推行，直到仁宗时期才迎来了科举复兴的机遇。然而，进士也分为蒙古人、色目人、汉人和南人，取舍标准截然不同。重蒙古人、色目人，轻汉人、南人，这是毋庸赘言的。需要注意的是，元朝科举确立了乡试、会试、殿试三阶段的制度。宋代由各州直接向中央推荐举人，元代则在十一行省、二宣慰司（山东、河南）、四直隶省部路分（真定、东平、大都、上都）范围内，召集所辖府州的读书人参加乡试，合格者即作为举人送往中央礼部。举人人数为蒙古人、色目人、汉人、南人各七十五，总计三百人。礼部的会试从中各选拔三分之一，然后参加御试（殿试）。无论从人口、读书人数量，还是文化程度，这个比例都是非常不合理的。重视实际利益的蒙古人虽然实行科举，但录取进士的门路狭窄，一般官吏都将胥吏的资历晋升视为正道，于是产生了胥吏官员化、士大夫胥吏化等现象，这不能不说是中国流品思想的一大变革，其结果可能引发吏治的颓废。然而，这完全是士大夫单方面的指责，并非全部的真相。中国近世的政治已经存在胥吏，要说士大夫和胥吏明确分离的时代，没有哪一朝是胜过元代的。比起士大夫胥吏化和胥吏官员化，我们更有兴趣的是，在不拘传统的蒙古人的刺激下，中国社会在无意识中迎来了重生，其表现之一是文学史上著名的新文学、杂剧的勃兴。在一直以来的观点中，近代性质的白话文学只是政界不得志的文人隐居市井写作戏曲消闲而已，但这样的说法总觉得不算准确。元曲虽有古典性的修饰，却绝不是纯粹的文人作品，就像《八犬传》代表了马琴①本人的全部教养一样，元曲也如实反映着作者，他们无疑是接受雅俗共赏教育的当时的知识阶层。作为元朝统治的副产品，文学中最重要的

---

① 马琴，指泷泽马琴（1767—1848年），又称"曲亭马琴"，日本江户时代著名小说家，其作品情节曲折，结构宏大，多有惩恶扬善的思想，代表作有《月水奇缘》《南总里见八犬传》等。

世俗因素被引进陷入僵化的中国文学之中。这些文学界的动向同时也是整个社会动向的反映，即将到来的明朝盛世，其实正是在元朝蒙古人的统治之下孕育的。

　　进入明代，科举制度包含学校制度，形体上更加庞大。宋代以来民间设立的私学书院，对教育有着突出的贡献，明代为了将教育权收归政府，在各州县分别设立学校和教官。然而，由于政府热情不足和教官不得其人，地方官学很快便有名无实。不过学校制度被用作科举的预备考试，这虽然偏离了原来的使命，却起到了重要的社会作用和政治作用。明代制度中，如应试中央礼部举行的省试（会试），则必须具备举人的身份，而举人就是地方各省乡试的合格者。举人资格在唐宋时代只是临时性的，每次科举时在州中参加考试，只有一次参加省试的机会。后来举人的资格逐渐固定，到明代已经近似于一种学位。此外，参加乡试必须是府州县学的学生，也就是生员。生员俗称秀才，但当然不能和隋唐时期的秀才相提并论，两者的地位相差千里。要成为生员，必须参加各学校的入学考试，应试者极多，竞争非常激烈。为了严格挑选合格者，必须通过多次考试对参加者加以筛选，于是形成了县试、府（州）试、院试三个阶段。入学候选人童生首先要通过知县举行的县试，其次通过知府举行的府试，再通过各省提学官巡回各府举行的院试，才能分配到府、州、县学中获得生员的身份。一旦入学成为生员，学校教官通常是放任不管的，生员无须往返学校，只需列席春、秋两季的孔庙祭典，或者参加象征性的考试即可。生员通常在家中自习，有时利用生员的头衔混迹于社会，或探知学界的趋势，或求得高官引为知己，又或者埋头准备乡试。通过乡试就成了举人，再通过会试和殿试就是进士了。

清代科举制的发达

国初草创时代

清朝的官吏任用方法，大体可以分成三个时期进行考察。第一时期是国初草创时代，第二时期是科举中心时代，第三时期是奖励学堂时代。第三时期姑且不谈，这里先简单论述第一和第二时期。

国初草创时代，大致从太祖、太宗两代到顺治初期。清朝起于满洲，初期的国家组织建立在以八旗为中心的军事体制之上，官吏就是武官，任用官吏就意味着根据军功提拔战士。不过，太宗时代已经出现令人瞩目的现象，那就是文官的诞生。

天命十年（1625年），太祖将境内的明朝缙绅屠戮殆尽。可能在太祖看来，犯下种种罪恶的正是这个群体，也就是知识阶层。当时逃亡免死的儒生约有三百人，绝大部分沦为皇室、王公、大官的奴隶以掩藏身份。到了天聪三年（1629年）四月，太宗设置文馆，以满人达海、刚林等为榜式（博士），下令翻译汉文书籍。同年九月，太宗召集逃匿的儒生参加考试，两百人中名列一、二、三等者赐予绢帛，保证其官吏身份并等待录用，特别优秀者则进入文馆担任政治顾问，蒋赫德、马国柱、沈文奎等人都是如此。天聪十年（1636年）三月，文馆改为内三院，分成内国史院、内秘书院、内弘文院。同年改元崇德，五月任命各院大学士，满人希福为内弘文院大学士，刚林为内国史院大学士，汉人范文程、鲍承先为内秘书院大学士。同时，对文馆内的儒生加以甄别，沈文奎成绩二等，赐予人户牲畜，担任内弘文院学士。

在此之前，天聪五年（1631年）七月立六部官制，设置承政、启心郎、参政、办事、笔帖式等官员，此后继内三院又设置都察院。清朝廷模仿中原国家的样式，逐渐开始重视文官的地位。

与此同时，文官录用必不可少。崇德三年（1638年）八月举行考试，得中式①举人十名、一等秀才十五名、二等秀才二十八名、三等秀才十八名，中式举人赐半个牛录章京品级，秀才赐壮大品级，因才录用。

不过，虽然太宗时代重视文官的职务，但清朝终究以八旗制度作为国家根本，所谓儒生本身必须落籍于汉八旗，依据职务高低参照八旗内武官的阶层享受待遇。后来顺治帝入主北京，继明朝之后统治中原，他因袭明朝的制度，在原有的以八旗为中心的武官体系之外，重新建立起独立的中国式的文武官体系。

为了招抚明朝遗民，顺治帝没有变更明朝的官制，而是直接加以运用。然而，突然接手庞大的朝廷机构，加上明朝官员大多四处逃散，若以清朝原有的文职官员充实明朝的官制是远远不够的，于是朝廷下令地方调查逃匿的明朝官员，将人才举荐给中央。

---

① 中式：即"录用、合格"之意。

查阅"顺治元年内外官署奏疏",有顺治元年(1644年)七月吏部左侍郎沈惟炳举荐周边人才的奏疏,举荐人物包括山东的明兵部侍郎张凤翔等十六人、直隶的明吏部侍郎孙昌龄等六人、山西的明大理寺卿张三谟等九人、河南的明巡抚练国事等五人。此外,还下令户部右侍郎王鏊永招抚山东和河南,继而举荐了当地明朝大学士谢陞等三十九人。当时清朝的命令不出直隶、山东、山西、河南四省,南方各省都在南明福王的控制之下。为此,清朝一面派兵前往讨伐,一面劝降明朝官员,对于主动归顺的官员通常会保留原来的官职,或者进秩以示优待。

总之,清朝入关后不再将新归附的汉人编入旗籍,八旗汉军作为一种特权只为入关前投降出仕的汉人保留。至于入关后投降的汉人,文官依然享受文官待遇,成为清廷的官僚,武官则组织名为绿营的军团,独立于八旗之外。

当时,狭小的满人国家急剧膨胀为巨大的中原国家,如前所述,官吏的不足主要通过荐举和招降加以补充。荐举是指在清朝命令通行的范围内,选拔明朝的官吏和读书人给予官职。不止顺治初年,康熙年间有时也开设博学鸿词科,优待以前朝遗民自任的老儒,借以抚慰中原人心。

招降则是针对清朝命令尚未达到的地方的官吏,通过特殊优待劝说其投降。同样不止顺治初年,直到康熙年间,对于台湾的郑氏和在云南发动叛乱的吴三桂一党都曾采用这种方法。不过,招降必定有一个条件,那就是剃发,有时清朝的招降政策不能达到预期的效果,正是受到这项规定的制约。投靠台湾郑氏的南明宁靖王朱术桂曾道，"艰辛避海外，总为数茎发"。这虽然有些夸张，但也是中原人的真情吐露。

清朝的荐举、招降二策只是应急，为了永久巩固国家根基，必须在朝廷上安排自己的心腹官僚。因此，即便在顺治初期兵荒马乱的时代，清朝也依然模仿明朝制度举办科举，并最终成为清朝官员任用法的核心。

科举中心时代

第二时期是科举中心时代，从顺治初期到光绪末年，历经二百五十余年，其中包含了清朝的鼎盛时期。顺治二年（1645年），直隶、山东、山西、河南、江南、陕西各省举行乡试，第二年在北京举行会试和殿试，录用了状元傅以渐等四百名进士。当时的殿试制策中出现了这样的句子：

> 欲定天下之大业，必一天下之人心。吏谨而民朴，满洲之治也。今如何为政，而后能使满汉官民同心合志欤？

同年又举办乡试，当时江西、浙江、湖广等省刚归入清朝版图。顺治四年（1647年）在北京举行会试和殿试，制策中有这样的句子：

> 近闻见任官员及废绅劣衿，大为民害。往往压夺田宅，估攫货财，凌暴良善，以致贵者日富，贫者日苦。明季弊习，

迄今犹存。必如何而后可痛革欤？ [①]

当年录取了状元吕宫等三百名进士。连年录用进士，这在明代是没有先例的，可见清朝对于科举抱有极大的期待。不仅如此，制策的设问也都是当时迫在眉睫、亟待解决的重大国家问题。与其说士子有求于朝廷，不如说是朝廷有求于士子，这才是令人伤感的。新进士的官位晋升极快。顺治三年（1646年）的状元傅以渐用了不到十年的时间，在顺治十一年（1654年）就成为内秘书院大学士；顺治四年（1647年）的状元吕宫升迁更加迅速，顺治十年（1653年）就捷足先登，出任内弘文院大学士。

接着是顺治六年（1649年）的科举，录用了刘子壮等三百九十五名进士，此后三年一举成为定制。除了宫中有大喜事开设特别恩科，通常每逢丑年、辰年、未年、戌年举行科举，直到光绪三十年（1904年）甲辰恩科。

科举本来具有两层含义，一是朝廷求取有用人才共同治理，这是朝廷本身的需要，二是朝廷以此将平民选拔为官吏加以优待，使其踏上士子进身的阶梯，这是朝廷给予的恩惠。国家多事之际，第一层含义浓厚，而太平之时则更强调第二层含义。特别是清朝中叶以后，由于承平日久、文化发达，希望入仕者纷纷涌入考场，

①《清世祖实录》原文为："近闻见任官员、伯叔昆弟、宗族人等，以及废绅劣衿，大为民害。往往压夺田宅，估攫货财，凌暴良善，抗逋国课。有司畏惧而不问，小民饮恨而代偿，以致贵者日富，贫者日苦。明季弊习，迄今犹存，必如何而后可痛革欤？"文字与宫崎市定所引略有出入。

朝廷则苦于挑选。尽管当时的官吏数量早已超过定员，无须选拔新的进士，但裁减新进士人数又唯恐有损朝廷恩典，只能按期录用定额进士，有时甚至还要临时开设恩科，获取定额以外的进士。于是出现了官吏失业的问题，就任实职者日益减少，闲散度日者不断增加，生活艰难自然导致风气堕落。

　　与此同时，即便是基本定额的进士，考生过多也会带来阅卷上的困难，造成有实力者落榜、才疏学浅者侥幸当选的情况，甚至出现"科场不论文"的谚语。由于侥幸通过的比例越来越高，有些考生们投机取巧，用尽各种手段提升这一比例，衍生出替考、重考等种种歪风。朝廷屡屡发布训诫，不断地增加考试次数，设立各种预防不正当手段的制度，但都没能取得预期的效果。光绪十九年（1893年）的顺天乡试中，通过替考获得合格的人数达到几十人。不难想象，科举制度早晚难以维系。

　　随着科场竞争日益激烈，考官为评分便利难免出现试题琐碎化的倾向。到光绪中期，蒙古地理和西藏地理都被用来作为殿试的题目，与乡试、会试无异。对策的形式也逐年严密，起先清初顺治三年（1646年）的制策中还有这样的戒语：

　　　　勿用四六，不限长短，毋得预诵套词、拘泥旧式，重负朕意。

科场不论文

举子纷纷投身科举，答卷数量极多，考官无法一一品读以判断优劣，有时根据笔迹或形式决定取舍，导致评分结果未必公平无私。这种情况在科举走向兴盛的宋代就已经出现了，据《东谷所见》记载，永嘉的解试极其狼狈，只是多场考试的累加，举子也以套用模板、编造长篇大论为能事，以致考场中最后堆积了三万三千余份答卷。考官审阅答卷仅两三天就已厌烦，答卷多半雷同且冗长，其中即便有文采尚佳者，也多数不得拔擢，头脑不灵的考官更是无从识别。中等才学的考官也因卷数繁多而难以评分，加上胥吏的作弊扰乱，取士之法大受破坏。

到了清代，吴敬梓的《儒林外史》中也有这样的故事。广东省学道（学政）周进举办院试时，见一名面黄肌瘦、胡须花白的老童生走进考场，当这名老童生来交卷时，又见其衣衫褴褛。对比答卷上的编号，名册上却写着三十岁。

"你可是范进？"

"小人正是范进。"

"年岁几何？"

"名册上写着三十岁，其实已经五十四了。"

"考过几次试？"

"二十岁开始，至今已经考了二十多回了。"

"为何没有合格？"

"文章拙劣，以致屡屡落第。"

"不必过谦，你且出去，待本道细看。"

范进走出考场后，等了一阵也没人交卷，周学道取出范进的答卷细看，心里想着："虽然很可怜，但确实不行，难怪一直考不上。"等了一会还是没人交卷，百无聊赖下又拿起范进的答卷细看，希望找出一些可观的地方。再三品读之下，学道终于发现这是篇有意思的文章，最后不由叹息道："这真是篇好文章！我只读一两遍，无法领会其中的奥妙，到第三遍才发现这是天地间的至文，真乃一字千金！可怜啊，这世上的糊涂考官至今辜负了多少真英才！"周学道立即提笔打了满分，定为第一等（第三回）。考场的成绩不是凭借实力，完全是碰运气的，于是有了"科场不论文"的谚语，这话也可以用来安慰落第的考生。

此外，当举子得知朝廷或者考官个人有某种倾向后，就会纷纷抓住机会，希望垂手获得高第。这在北宋党争时代，特别是徽宗宣和年间表现得尤其露骨。当时的试题是关于气数（天运），周表卿曾钻研此道，在宣和甲辰的廷试上展露智慧提出对策，自以为状元非己莫属。同场应试的还有一人叫沈元用，他向宦官借了计算工具，经过演算得出答案。周表卿得知后大惊，觉得自己必居其后，等到了唱名之时，果然沈元用第一，周表卿第二（《独醒杂志》卷九）。后世随着应考技术的进步，任期三年的各省学政的学问、文章很快就被当地的童生研究并模仿，因此学政又被称为"握一省之文柄""司文衡"等。

但后世就衍生出诸如五、七行或九、十一行"双抬"，各行字数"彻底"等小技巧。如此问题愈加琐碎，形式愈加繁杂，很难从中选拔真正的人才，再次出现了前代宋明之间的弊病：进士所学不是为官所必要的事项，为官所必需的见识也不是进士考试的内容。这一点上，科举走入了死胡同。既然是朝廷赐予学子的恩典，取舍上就必须公平，如何维持公平已经是朝廷唯一的着眼点，有时甚至做不到公平。光绪末年，国势衰弱，日本却以迅雷不及掩耳之势崛起，击败了强国沙俄。至此，再保守的清朝也必然有所醒悟，于是被迫废除了科举选官制度，采用全新的体制。光绪三十年（1904 年）举行了最后一场殿试，次年八月初四，朝廷在袁世凯等人的奏请下发布上谕，下一年的乡试、会试一律停止，改由学校挑选人才。

通常所说的科举是指礼部执掌的文官科举，此外以任用武官为目的的武科举从唐代开始也断断续续地进行着。清朝在开设文官科举的同时，顺治三年（1646 年）下令兵部举办武官科举，此后文武科举并行，每逢子、午、卯、酉之年实行武科乡试，辰、戌、丑、未年开设武科会试和殿试，以此选拔武官。但是，武科举不如文科举那般受到重视，武举出身的武进士也得不到朝廷的重用，很早就有废止武举的议论。光绪二十七年（1901年），朝廷最终发布上谕，停止武科，此后设立武备学校，改从毕业生中选拔武官。这一举措比废除文科举的光绪三十一年早了四年。

如上所述，清代科举是满人入关后为了从新归附的汉民中选拔人才而实行的，此后科举制度还推及作为清朝股肱的满、蒙、汉军八旗。顺治八年（1651年）设立翻译乡、会试之制，只有八旗子弟才有资格应试。乡试取满人五十名、蒙古人二十名、汉军五十名；会试取满人二十五名、蒙古人十名、汉军二十五名，通常无须经过殿试就可授予翻译进士的称号并就任官职。同年设定八旗学额，先考骑射、步射，在确认其精通作为八旗本职的武艺基础上挑选童生，满人一百二十名、蒙古人六十名、汉军一百二十名作为生员，参加乡试、会试，与汉人一同获得进士身份后担任文官。然而，就科场的文笔之才而论，满人和蒙古人自不待言，北方武职出身的汉军八旗子弟也远远不及江南的文雅之士。幸而乡试、会试中举人、贡士的取中额都是固定的，他们只需要在与同伴的竞争中取得优势就行。不过，殿试的评分则是一视同仁的，因此，考中高科的都是江浙的读书人，八旗子弟多半都在下第。有清一代，八旗中只出过一名状元，他就是同治四年（1865年）蒙古正蓝旗的崇绮。

清代科举制度还推及宗室。康熙三十六年（1697年），宗室获许与其他满人一起参加科举，但到康熙三十九年（1700年）就宣布停考。雍正二年（1724年）设立只面向宗室的特别考试法，同年在宗室的左右翼各设满学和汉学。乾隆九年（1744年），下令左右翼的学生经过特别考试可授予乡试中式举人的待遇，学习满文者通过八旗翻译会试可授予进士称号，学习汉文者与天下贡士一起参加殿试，然后授予进士的称号。出于宗室不断汉化的忧虑，乾隆十七年（1750年）停办宗室乡、会试，并通知全体官僚不得再提恢复宗室考试一事。然而，满人的汉化是必然趋势，与有无宗室科举无关，毋宁说没有科举才使得宗室堕落安逸。到了嘉庆四年（1799年），宗室科举在一定的附加条件下复活了，这项条件是宗室在应试科举之前，必须和八旗子弟一样，先考察其是否精通骑射。这样既以科举为目标奖励了学问，同时又提醒不断文弱化的满人宗室关注武艺，可谓一石二鸟。效果如何另当别论，此后宗室也可以参加顺天府乡试，天子根据考生数量决定合格人数，在会试中也会得到特别的照顾，通过后与天下考生共同参加殿试，登上进士的龙门。

　　仔细想来，八旗制度本以全民皆兵作为原则，凭借军功和才能担任重要职务，没有特定的任用方法。但是随着清朝入关，天下形势逐渐稳定，最终开辟了与汉民一同参加科举并任用为文官的途径。这一制度还推及宗室，宗室原本生来就是将军或者大臣，并不需要特定的任用法，但由于宗室数量不断增加，形成了所谓"闲散宗室"。为了解决他们的失业问题，科举制度就进入了视野。由于担心作为清朝国是的国粹保存主义会被引向相反的方向，科举制度时兴时废，最终在嘉庆初年以修骑射作为条件达成了妥协，宗室科举作为定制一直延续到光绪末年。

　　科举以外，还有其他官吏任用方法，如世职、官学、恩荫、捐纳，以及对近亲宗室的自由任免等。但最为兴盛的还是科举，特别是文科举，清朝一代的著名政治家绝大部分是文科举出身。从顺治三年（1646年）第一场殿试到光绪三十年（1904年）最后一次殿试，这一时段从官吏任用方法上来说可以称为"科举中心时代"。正因为如此，本书将着重讨论这一时期的科举制度，内容上也最为详尽。

第二章

清代的科举制度

学校考试

学校组织与入学资格

清代地方学校的代表有府学、州学和县学，需要注意的是它们之间没有地位高下之分，完全是平等的。州学是特殊的县学，有时该县正好是府的治所，县学之外还设有府学，虽然名称相异，但实质是一样的。不过在形式上仍存在高下，府州学校的教官隶属知府和知州，县学学校的教官隶属知县，不仅名称不同，待遇也大相径庭。府学的教官称为"教授"（正七品），州学称"学正"（正八品），县学称"教谕"（正八品），府州县学都有助教，称为"训导"（从八品），教谕和训导各自还有经制和复设的区别。不过，作为学生的生员，无论是府州学的生员还是县学的生员并没有等级之分。只是因学校不同，每年的入学人数会有差异，根据接收学生的数量分为大学、中学和小学。大学不同于太学，太学是最高学府，大学只是形容其规模。根据顺治四年（1647年）的规定，大学每次入学新生四十名，中学为三十名，小学为二十名。

府州县学总称"儒学"，儒学的学生称为"生员"。生员只是名义上的学生，他们不必到学校上课，只需参加三年一次定期举行的检测勤奋与否的考试。生员可以参加科举第一阶段的乡试，但必须先参加科试以证明自己的学力，称为"录科"。科试也是三年一次，经过科试参加乡试是生员最大的特权。任何人参加科举都必须先获得生员身份。生员原本是指县学学生，只要通过县学的考试就能够入学，但随着有意入学者数量的增加，竞争愈发激烈，入学考试的手续也变得复杂，在参加督导县学的知县主持的考试后，还必须参加知府负责的考试（府试），最后通过学政官的院试，至此才能获得入学资格。下面将依次介绍县试、府试、院试的手续。

参加学校考试不需要特殊的资格，但必须身份清白。近世中国原则上不存在阶级上的差异，即所谓四民平等，但同时也存在若干贱业。从事贱业者身份不清白，脱离贱业后不经过三代就无法恢复清白，因此不允许参加挑选作为万民师表的官吏的考试。所谓身份不清白的贱业有这样几种：

（1）奴仆。

（2）倡优。

（3）隶卒。这里是指隶属各个衙门，从事守牢、追捕盗贼、走卒等贱役，职名包括皂隶、马快、步快、小马、禁卒、门子、弓兵、仵作、粮差、番役等。

（4）地方特有贱业。如山西、陕西的乐户，江南的丐户，浙江的惰民，广东的疍户，浙江的九姓渔户等。雍正以后，这些人如果报官改行，三代以后就可参加考试。乐户、丐户、惰民恐怕是民间葬礼的帮手，疍户是水上的居民。

所谓三代清白，就是考生的曾祖父、祖父和父亲都不曾从事这些贱业；换句话说，曾经从事贱业的人到其玄孙一代才能恢复身份清白。为什么是三代呢？原因之一可能是子孙孝养以三代为限的规定，清朝制度中有一品官追封曾祖父、祖父和父亲的例子，二、三品官则有将自身的封赏转赠三代的特典。如此一来，考生他日荣华富贵时也不至于让曾经从事贱业的祖先受到朝廷恩典，可以理解为一种预防措施。

然而，以是否从事贱业区分良贱并没有儒学上的依据，朝廷对此似乎也没有绝对的自信，因为对待贱民的诏令时宽时严，甚至前后矛盾。乾隆三十五年（1770年），朝廷下令倡优隶卒的子孙永久不得参加考试；第二年又宣布乐户、丐户在三代清白之后，本人和旁支都必须清白，如有亲伯叔姑姐从事贱业，则不得参加考试；乾隆五十七年（1792年）下令在衙门的轿夫退役十年后，其子孙就可参加考试；如上种种。实际上，从这些被民间视为贱业的阶层中脱身是十分困难的，参加科举的绝大部分是读书人的后代，尽管儒家有四民平等的理想，但应当说中国社会依然存在严格的阶层划分。

除了社会身份，应试时对个人境遇也有一些规定，以下情况是禁止参加考试的：

（1）曾受过刑罚。

（2）曾担任官吏，因罪革职为平民。

（3）父祖服丧期间。

在考试之前，考生必须宣誓没有任何上述情况。

县试申请手续

入学候选人需亲自到本籍县衙的礼房，表达参加考试的意愿，该处会递出一张纸，即称为"廪保互结亲供单"的一种宣誓书，也是入学申请中最重要的材料。该用纸上必须填写以下事项：

（1）本童姓名、年岁、身面特征、是否有须。入学候选人无论年岁几何，都称为"童生"。"身"指身高尺寸，"面"指脸色黑白，有的地方还要求注明没有吸食鸦片。这些内容都要童生在办事员面前填写，如果发现年岁等不符合，就会被拒绝受理。不过，据说也有四五十岁的考生伪造填写二十岁以下的。

（2）曾祖、祖父、父亲和业师的姓名。如前所说，曾祖以下三代不得从事贱业，必须身家清白。业师是指实际授业的老师，童生一般在多所私塾就读或聘请家庭教师。

（3）廪保和派保的姓名。入学候选人需要从入学的本籍县学生员中，选择高年级的廪生作为保证人，称为"廪保"。廪保有两种，

"认保"指由童生挑选并委托认识的廪生，"派保"则是由县学教官指派素质特别优秀的数名廪生，童生从中选择委托的保证人。此时通常要送给廪保相当数量的谢礼，但禁止廪保自行索要。这两种保证人需要在考场证明考生是其本人，为了防止不端，特地设立两种保证人相互纠察，如果出现不正当行为就要承担责任，接受处罚。

（4）五名互结童生的姓名。除了廪保，同时参加考试的五名童生相互作为证人，宣誓不得违反考试规则，称为"互结"。如果一名考生出现不端行为，互结的四人都要承担连带责任，接受处罚。

（5）本籍和住址。考生必须在本籍县参加考试，严禁伪造籍贯在两地考试。但事实上，很多人避开学问进步、竞争激烈的南方地区，选择在相对容易通过的北方参加考试。

此外，这张纸上还印着诸如身家清白、未犯错受刑、非倡优隶卒、不使用替考、不伪造籍贯参加考试等文字。考生当着礼房人员的面，将需要自己申报的事项填写完毕，然后带着单据走访廪保，委托他们签字，最后向县学的受理机关"门斗"出示，获得儒学的认印。按照习惯，此时需要给礼房的胥吏铜钱一二百文，给县学的门斗六十文左右。廪保互结亲供单不是马上提交，而是要带入考场交给知县，从他手中换取答题用纸。

县 试

县试的考官是知县，管理事务的是县衙的礼房。礼房的胥吏

廩保互結親供單

江南江寧府上元縣儒學爲發給結單事
照得各廩保所保童生須查明該童實係
身家清白並無刑喪過犯倡優隸卒槍手
頂替冒籍跨考等弊方准由該廩保畫押
發給該童塡寫三代年貌籍貫報名送考
須至結單者

本童　年　歲身　面　鬚
曾祖　祖　父　業師
認保　派保
互結童生
童生
童生
童生
童生
本縣　籍　保居住
光緒　年　月　日

图1　廪保互结亲供单

在收到考试申请后，制作考生的名册，记录年龄、身面等特征，称为"点名册"，以备在考场点到考生。考生的姓名以五十人为一组，写在告示板（牌）上，立于考场大门之外，目的是提前告知考场内的座位顺序，防止场内混乱。

同一府内的各州县在同一天考试，一人不得在两处参加考试。考场称为"考棚"，各县都有专用的建筑，一般附属县学，平时用作临时的县衙座席，或者借给私立、公立的书院使用。桌椅一类，礼房会根据考生的数量准备，但如果贿赂礼房的书吏，就能请他给自己准备好一点的桌椅。作为考官的知县提前一天进入考棚，此后起居都在考棚之内，不得外出半步，也不许接待来客，直到考试全部结束。这是为了防止考生请托，称作"考试回避"。

考试当天，考棚在早上三四点鸣放一发号炮，称作"头炮"，也就是提示考生做好准备。一个小时或一个半小时后放第二炮，考生离家赶赴考场，这时考试必需的用品，如笔墨纸砚和餐食都放在称为"考篮"的手提篮中。尽管当时的法律严禁夹带参考书籍，但实际上屡禁不止。鸣放第三炮，考场开门，考生一起进场。亲戚朋友可以进入场内，但等考生入席后必须全部退场。

知县身着官服，带领县学的教官、廪生到场点名。这时，作为廪保的生员理应站到各自担保的考生身边，确认是本人无误，但事实上这一手续并没有严格执行。

被点到名的童生上前提交廪保互结亲供单，然后领取答题用纸。答题用纸称为"试卷"或"卷子"，是内面印有红线的厚纸折本，封面上的姓名栏中需填上文童某某。

　　试卷下发后，教官和廪生等奉命退场，只留下知县和必要的考试人员，知县亲自给大门上锁并封印，回到座位上等待公布试题。

　　县试第一天的试题是四书二题、作诗一题。四书题又称"头题"或"首题"，从四书正文中出题，要求阐释。二十岁以上的考生和以下的考生拿到的问题是不同的。二十岁以上的称为"已冠文题"，二十岁以下的称为"未冠文题"。问题并没有难易的区别，只是采分时宽严不同。出题后大约一个小时，工作人员进入考场，在答卷上写作的答案末尾按印，称为"打印"或"盖戳"，由此知晓考生答题的快慢。如果未写一字便已经打印，那么后面的答案写得再好，都会有请邻桌考生代答的嫌疑。

　　上午九点到十点间出第二道试题，由于没有已冠和未冠的区别，称为"通场次题"或"通场后题"。此外，还要写作五言六韵的排律，称为"通场诗题"。以上四书二题、作诗一题，考生作答到傍晚时分，用楷书誊写后与草稿纸一同上交。之所以提交草稿纸，是为了避免借于他人，同时也可以作为审查答案时的参考。

　　作答完成后提交给办事员，称作"缴卷"，但是考生不能立刻离开考场，必须等人数达到四五十人，由知县亲自取下大门上的封印才可离场，然后知县重新上锁加封。第一次出场称为"放头牌"，一般在下午三点半到四点间进行，然后是"放次牌""放三牌"，直到最后的"放末牌"。考试时间没有限制，但不得使用蜡烛，所以到傍晚时分，即便没有答完也只能退场了。

　　以上就是县试的第一场考试，称为"头场"或者"正场"，之后还要覆试四次县试才算结束。头场成绩的发布一般在考后三到四天，称作"发案"。答卷本该由知县亲自审阅，但有时考生太多，规定期限内难以阅完，一般会交给自己的私人政治顾问，也就是幕友，更急迫的时候甚至会委托公私书院的教师。知县一般都是进士或者举人出身，但也有军功出身，或者通过捐纳这一卖官制度而做官的无学之辈，无法期待绝对的公平。

发案时，合格者以五十人为一组，按成绩顺序排列，姓名如钟表文字般圆形排列，其顺序是从正上方按逆时针方向前进。最前面的五十名是第一图，接着是第二图、第三图，最后不满五十人的一组也做成一图，只不过加大中间的空隙。发表的合格者可以继续参加县试，应考接下来的覆试。

第二场考试称为"二场"或"次场"，由于是第一次覆试，也称作"初覆"或"头覆"，一般在发布头场成绩的第二天举行。

初覆的考试流程和前一场完全相同，只不过试题改成了四书一题、五经一题、诗一题，没有已冠和未冠的区别。发案后再进行二覆。

二覆的试题是四书一题、赋一题、诗一题。

三覆的出题形式没有严格要求，一般是四书一题、诗一题、论一题。当天知县和考生一起受招待，每人会分到一碗面或是四到六个馒头。

四覆是最后一场考试，称为"末覆"或"终覆"，出四书一题，但不太看重成绩，考生只要写开头的几句（即"起讲"）就可以了。此外，还要默写圣谕，这一条非常重要，就是默写雍正帝

图2　县试发案第一图

颁布的《圣谕广训》(相当于《教育敕语衍义》^①)中指定的部分。

　　《圣谕广训》是读书人必须背诵的，四覆中只要默写《圣谕广训》不出错，一般都不会落选。因此，参加四覆的考生即视作已经通过县试。提交答案后，知县会邀请他们共进晚餐以示慰劳，称为"终场酒"。终场酒八人一桌，每桌上八道菜，宴后考生将各自的酒钱付给考场人员即可散会。

　　三四天后发布合格者名单，这里的成绩是从头场到四覆的平均成绩，姓名不再以圆形排列，而是在方形大纸上每行写五个名字，共有几行乃至几十行的姓名，因此称为"长案"，或是"正案""总案"。

　　县试的通过人数没有定数。曾有规定通过县试的人数是许可入学的生员数的四倍，但后来取消了，完全交由地方官员把握。但当童生成绩太差时，允许他通过县试的知县会被追究责任，并且受到处罚。

　　县试第一名及第者称为"正案首"。此后府试和院试等考试中，考官顾忌知县的面子，通常不会让正案首的童生落第。第十名及第以上者称为"前拔"，进入前拔的童生要拜访知县表达谢意。

　　因某些变故向知县申请缺考者，可以参加称为"补考"的追

---

① 《教育敕语衍义》:《教育敕语》是明治二十三年（1890 年）由井上毅等人起草、明治天皇颁布的教育文件，内容上鼓吹忠君爱国。此后明治政府为扩大《教育敕语》在国民中的影响，又由井上哲次郎博士撰写《教育敕语衍义》，将对天皇的忠诚解释为全体国民应该具备的"爱国主义"。该书经文部省发布全国，成为学生必读的教本。

加考试，但乾隆十四年（1749年）后此例被禁止。

科场的风气

以上简单叙述了县试的实行情况，以后从府试至殿试，各场考试都大同小异。就县试的实践而言，还有两三点值得注意的问题需要说明，同时也是便于理解后面的考试制度。

第一，关于考场中的不正当行为及其他弊害。

考场中最常见的不正当行为有以下几种：

（1）夹带。也就是把参考书带入考场。试题中的四书题和五经题都直接出自经书正文，适合出题的几处基本是固定的，因此坊间常常出版销售四书五经精选或是标准答案集。只要读了四书五经精选，就能省去通读全书的时间，直接参加考试，容易抹杀学子的求学心。因此，乾隆五十七年（1792年）的上谕严禁出版删节经书，其印版三个月之内送官府销毁。标准答案集用小字印刷，屡屡被带入考场，乾隆五十四年（1789年）的上谕禁止经书拟题和套语策略。嘉庆十五年（1810年），湖南没收删节经书一千六百七十六部，印版一千零四十四块，从中也可看到俗书出版的兴盛。为了矫正考生仿写范文的弊病，答卷中出现多处相同会被判为文字雷同而受到处分，因此考生直接抄写刊本会有风险，最有利的做法是请师长专门拟定范文，抄成小字后带入考场。更有甚者，尽管考场内外是严格隔绝的，但仍有考生买通相关隶卒，出题之后从场外递入合适的参考文。

（2）倩代。也称"代考""枪替""枪手""顶替"等，也就是替代考生本人应试。为了防止这种情况，考前必须通过认保的领解，认保隐瞒不报则称为"扶同保结"。根据雍正十三年（1735年）的议准，倩代一旦被发现，代笔者枷号三月，即关押三个月，然后发烟瘴地方充军，即到气候最恶劣的地方服军役；委托代笔者立刻发配烟瘴之地充军，保结的廪生若知情不报则杖刑一百。倩代必须事先联络各方，于是就有了一种职业的中间人，称为"包揽"。包揽者与代笔者同罪，连提供其住宿的人都要受到处罚。

（3）重冒。一名考生使用不同的名字，多次参加考试。这是考棚狭小只能分批考试引发的后果。根据乾隆二十三年（1758年）的议准，各县只能举行一次县试，考棚狭小时进行增筑，不得分场考试。

（4）瞻徇情面。这是指考官一方接受亲友嘱托，通过不公正的评分允许亲缘考生通过。这种情况大多伴有贿赂，称为"听受贿嘱"。乾隆二十一年（1756年），山西省黎城的童生在胥吏的介绍下，送给知县白银八十两，请求以第一名通过县试。事发后，知县被免官并判处流放三年，胥吏同样判处三年，童生判了两年半。考官若要行此不端，最佳时机是缺席者补考的时候，因此乾隆十四年（1749年）议准，除了规定日期进行的正考，任何人不得补考。

（5）罢考。考官管理学生过于严格，或是出现侮辱学生、评判不公等情况，考生就会一起罢工来抵制考官，这称为"罢考"。即便不至于罢考，也会出现多人结伙谩骂考官、扰乱考场等现象。考官在出题中如果出现文字错误，更会遭到考生的威胁。雍正十二年（1734年）的上谕提到，罢考者立刻停止考试，或是全县停止考试，考官不得与考生妥协。

第二，关于避讳。

就考试作答而言，一个时代的民众有义务避讳该王朝历代帝王的名讳。这样的风俗自古就已存在，而且时代越晚近，规定越严格。此前，经书中出现的文字可以直接使用，出现天子双名中的一个字则无须避讳，同时当代天子的名字不用避讳，只需避讳先代天子的所谓"庙讳"。而到了清代，经书中的文字和天子名字相同时，也要改为别字。清朝天子的名字是两个字，即便单独使用其中一字，也不能直接写出。同时，历代庙讳和当代天子的名字都必须避讳。清代需要避讳的文字如下：

福临	顺治帝
玄烨	康熙帝
胤禛	雍正帝
弘历	乾隆帝
颙琰	嘉庆帝
旻宁	道光帝
奕□	咸丰帝
载淳	同治帝
载湉	光绪帝

文字避讳有两种方法，一种称为"缺笔"，也就是不写最后一笔的方法。比如把"玄"写作"玄"，"淳"写作"淳"，但这种方法有可能不知不觉间就写出了最后一笔，而且"玄"和"玄"过

于接近，也许不被认可为避讳，于是就只能采用第二种方法"恭代"。恭代是采用同音的别字来代替，如用"元"代替"玄"，"宏"代替"弘"，"允"代替"胤"。考试的答案是一种公用文书，因此特别讲究避讳。万一出现犯讳的情况，如果是童试，还能够以尚未入学为由，予以落第的宽大处理；一旦成为生员，以读书人身份参加乡试、会试，就会被罚停考三次。

除了庙讳和名讳，既然孔子被尊崇为万世师表，读书人就有义务避讳他的名字"丘"，通常会写作"𠀌"，或者增加"阝"旁写成"邱"。此外，虽然没有规定必须避讳孟子的名字，但考生自发形成了避讳"轲"字的风气。

第三，关于考生的姓名。

清朝禁止满人拥有类似汉人的名字，也禁止汉人拥有僭越名分的名字。根据乾隆三十五年（1770年）覆准的命令，如果起了这样的名字，在县试或府试中会由考官要求其改名。所谓僭越的名字有：

（1）比喻天子之德的文字，如帝裔、帝命、帝玺、某帝、某宗、乘乾、御天、乾元、圣谟，等等。还有刘姓中的兴汉、绍汉，李姓中的继唐、嗣唐，王姓中的宗帝、法帝等。

（2）现任朝中大臣的名字。乾隆三十五年，顺天乡试的合格者名叫张照，和皇帝的文字老师重名，于是下达上谕，命其改名。

（3）有关前朝圣贤大儒的名字。比如姬姓的绍旦、朱姓的景熹等。

（4）与陵名相近者。天子陵名的一个字出现在姓名中无须避讳，但如果是双名且前一个字和陵名相同，后一个字又是龄、林等字时，连读起来就可能和陵名相近。比如景龄、泰林，很容易和康熙帝的景陵、雍正帝的泰陵混淆，必须加以改正。

（5）与庙号相同者。兴祖、显祖等都是历来就有的名字，但在清朝都是祖先的庙号，普通百姓必须避讳。曾有一个叫章显祖的人，出于避讳改成了章显京。

第四，关于《圣谕广训》。

从县试到院试的学校考试中，在终覆时默写教育敕语《圣谕广训》已经形成惯例。

清代的教育敕语可以追溯到明代，明太祖曾发布"圣谕六言"：

> 孝顺父母，尊敬长上。
>
> 和睦乡里，教训子孙。
>
> 各安生理，毋作非为。

这些句子要求官民传诵，直到明朝末年都广泛执行。清代顺治帝对明太祖的政治方针颇有共鸣，于是将"圣谕六言"直接颁布为"六谕"，顺治九年（1652年）令各省刻字立碑。到康熙九年（1670年），又增加到了十六条，这就是"圣谕十六条"：

> 敦孝悌以重人伦，笃宗族以昭雍睦。

　　　和乡党以息争讼，重农桑以足衣食。

　　　尚节俭以惜财用，隆学校以端士习。

　　　黜异端以崇正学，讲法律以儆愚顽。

　　　明礼让以厚风俗，务本业以定民志。

　　　训子弟以禁非为，息诬告以全善良。

　　　诫匿逃以免株连，完钱粮以省催科。

　　　联保甲以弭盗贼，解仇忿以重身命。

　　后来雍正帝在雍正二年（1724年）将上述十六条进行阐释，制成《圣谕广训》颁布，下令由地方官向军民解读。此后，作为学校入学考试的县试、府试、院试中，最后覆试之际都指定必须默写《圣谕广训》。终覆是同一考官进行的最后一场考试，原则上不应出现落第者，即便考查学科试题，也不会有太多加分，及第与否完全取决于是否牢记《圣谕广训》。

　　顺治帝的"六谕"由范铉加以阐释，命名为《六谕衍义》流传于世。其书经琉球传入日本，德川吉宗①命荻生徂徕②加以标点，又命室鸠巢③用日文刊刻为《六谕衍义大意》。后来，京都的

---

① 德川吉宗（1684—1751年）：日本江户幕府第八代将军，纪伊藩藩主德川光贞第四子，1716年继任幕府将军。在位期间推行享保改革，奖励武艺，开发新田，稳定米价，允许输入外国书籍，被誉为江户幕府的"中兴之祖"。
② 荻生徂徕（1666—1728年）：名双松，号徂徕。日本江户时代中期著名儒学家、思想家、文献学家，著有《明律国字解》等。
③ 室鸠巢（1658—1734年）：名直清，字师礼，号鸠巢。日本江户时代中期儒学家，师从木下顺庵，主张在日本复兴朱子学，代表作有《太极图述》《赤穗义人录》等。

中村平五①著有《六谕衍义小意》，胜田知乡②增补为《大意》，加上日本的故事作为附录二卷一同出版。由此可知，"六谕"对日本的民众教育有着巨大的影响。到天明③年间，《圣谕广训》由中井竹山④附加训点后翻刻。

府　试

如前所述，进入县学成为生员的入学考试称为童试，县试只是其中的第一阶段，后面还有第二阶段的府试和第三阶段的院试。这里叙述第二阶段府试的大体情况。

县试成绩发榜后，府衙公布府试的日期，童生前往所属县衙的礼房获取结单，得到廪保的保证和县学学官的认印，这些手续与县试大体相同。廪保依旧是县试时候的人员，以后历次考试都不得变更。

府试的考官是知府，各府都是大城市，通常设有试院、考场、考棚。直隶州试完全依照府的标准，直隶州试的手续和府试相同。

考试当天，应试的童生一早在考棚的辕门前集合，以府所在的县为第一，各县结成一队陆续入场。点名发卷时，各县的教官、廪保必须到场确认童生是其本人。虽然各县的试题不同，但诗题通常

---

① 中村平五（1671—1741年）：日本江户时代儒学者，幼年从学于山崎闇斋，代表作有《书札调法记》《六谕衍义小意》等。
② 胜田知乡：日本江户时代中期儒学者，生平不详，著有《六谕衍义大意》。
③ 天明：日本光格天皇年号，1781—1788年。
④ 中井竹山（1730—1804年）：日本江户时代中期儒学家，父亲中井甃庵亡故后接掌怀德堂，天明年间曾向松平定信提交《草茅危言》阐述政治观点，代表作有《逸史》《社仓私议》等。

整个考场都是一样的。发布成绩时，各县将合格者每五十人组成圆形图案，但与县试不同的是，成绩高低是按顺时针方向排列的。

覆试有两回，第二回时默写圣谕，考试结束后也和县试一样有终场酒。

八旗是清朝的武力骨干，驻守地方者在应试时可以作为旗童不经县试直接参加府试。原本旗人应当以武立身，是不允许参加文试的。但从康熙十二年（1673年）起，旗童可以前往北京应试，嘉庆四年（1799年）后可以参加地方府试。不过，参加文试前必须先通过武试，驻防旗童由各驻防大臣考试马步射，合格之后送往府试。起初，由于缺少作为保证的旗人廪生，一般由所属佐领代为保结，等旗童入学成为生员后，佐领的保结就会撤销，改以生员作为保结。

院 试

生员入学考试，即童试的第三阶段称为院试，由各省学政亲自前往各府进行。

学政的全称是提督某省学政，和总督、巡抚一样，都是天子直接派遣的官员，以三年为期限，执掌一省的教育行政。学政的人选很受重视，必须进士出身，并且从京堂官、翰林院侍读侍讲、中允赞善、科道、部曹官中选择任命，特别是对于直隶、江苏、安徽、江西、浙江等地，必须选用足以压服人心的官员。学政任内两次巡回各府和直隶州举行岁试和科试，同时举行院试采录生员。此时考生若不事先熟知学政的学问文章倾向，就有被淘汰的危险。伴随学政的任命，一地的学问倾向也可能为之一变，因此，学政又被称作"司文衡""秉文柄"等。

学政通常和总督、巡抚同在一省的首府，但三年任期内至少两次巡回所辖各府视察教育，针对学校生员举行岁试和科试，检验生员是否勤勉，同时举办院试促使童生入学。一府学政的行事日程基本是固定的，在接到学政巡视的报告后，各府就要打扫驻扎衙门，附带可供千余人考试的试院，等待学政的到来。学政巡视称为"按临"，到达称为"下马"。

学政第一天下马，第二天拜谒孔子庙，向生员讲读经书。几天后，举行面向童生的院试。如果属县较多或童生较多，可以分成两批进行。

院试的负责人（考官）是学政，但学政只有私人幕僚，没有公家的僚属，因而考试事务由各府负担。知府作为提调官总揽大局，发动府中的僚属分别承担事务。

考试当天，各县知县带领教官、廪生集结在试院大门外等待开门。伴随第三次号炮，衙吏举着写有各县童生姓名的牌子（称为"照准牌"），以县为单位，引导童生进入大门，并在第二道门（仪门）前排队等候。此时，外搜检官到场，两人一前一后对童生搜身，一旦发现携带参考书或金银就立刻论罪，外搜检官获得奖赏。通过仪门进入考场后，每二十人一组，站在知府面前，再次由内搜检官进行搜身。然后考生们来到学政面前，由廪保确认身份，再向旁边的办事员提交结单，换取答题用纸。办事员在考场中指定童生座位，并记录在答题用纸的表格中，童生拿到答题纸后必须不加迟疑地入座。考场的座位分为东、西两侧，按照千字文的顺序分列，同一列中以数字确定座位。比如"东寒字十三"，是指东侧寒字一列中的第十三个座位。千字文中有时会避讳天、玄、帝、皇等字。此时，办事员需要记录童生的座位，制成座号册，便于检查某座位的童生叫什么名字。院试的答卷上不写童生姓名，提交时只写座席号，因此审阅答案后必须对照座位和姓名。

答题用纸上有填写姓名的贴纸，称为"浮票"或"浮笺"，贴纸与封面接合处按有三个印章。考生揭下浮票自己保管，只提交写有号码的答卷。日后成绩发布时，合格者通过提交浮票证明是合格者本人。除了答题用纸，考生还可以领取一本称为"诗韵"的小册子，这是作诗时的参考书。汉字的韵有多种说法，为了统一采用官方规定的押韵，所以分发这样的册子作为标准。

考生各自入席后，天也正好亮了。第一道试题是四书题，每个县的题不一样，用大字写在牌子上，由办事员举着来回走动，向席间的考生展示。

学政作为主考官监督考试，身边有十颗印，必要时在考生的答卷上盖印。

（1）移席，指离开自己的座位。考生仅有一次机会因喝茶或出恭（上厕所）离开座位，这时必须提交答卷，回来后再领取答卷继续作答，但实际上也有人在自己桌下准备不净壶来解决这个问题。如果无端离席，考官会立即在写了一半的答卷上加盖移席印，那样的话就不用指望合格了。

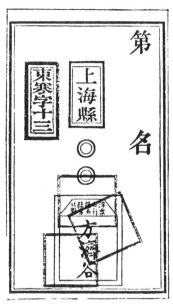

图3　县试墨卷（封面与浮票）

（2）换卷，指两人交换答卷。

（3）丢纸，纸掉在地上会被视为不严肃。

（4）说话，也就是交谈。

（5）顾盼，指环顾四周。

（6）搀越，指占用他人的空桌。

（7）抗拒，指不服从考场人员的指示。

（8）犯规，即违反规则。

（9）吟哦，指构思时说出声来影响别人。

（10）不完，指日暮时分仍没有完成作答。

考场中最常见的不端是委托邻桌代写和谈论考题，这时办事员应立刻上前，在答卷上盖"换卷"或者"说话"的印章。

入场约两个小时后，第二道试题同样会写在牌子上展示给考生，这也是四书题，通常各县是相同的题目。此外还有作诗题。

下午一两点，办事员发出"快誊真"的指令，也就是快速誊写的意思。三四点时又指示"快交卷"，就是快点提交答卷的意思。

答案必须用楷书誊写，并且与打草稿的草案用纸一起提交。考生在誊写完毕后，将写有自己姓名的浮票揭下，作为日后的证据自己保存，答卷上只能写座位号码。将答卷交给考官后，考生便可从办事员处领取出门证，也就是竹制的小札，出小门时投入篮筐中，一旦出了小门就不许返回座位。办事员不断清点答卷和竹札的数目，确保两者数量一致。出小门者达到五十人左右才能开放大门出场，第一批出场大约在三点钟，同时鸣放三发空炮。

　　四点左右是第二批出场，五点多是第三批。第三批也是最后一批，那时已是日暮时分，由于场内禁止使用蜡烛，没有完成作答的考生也只能退场。没有答完的试卷由办事员收齐，称为"撤卷"。

　　审阅考卷本来是学政的责任，但学政无法在短时间内看完那么多试卷，只能求助于幕友。幕友是官员自掏腰包聘用的顾问或秘书。一个极小省份的学政需要五六名幕友，至于江南大省恐怕得要十人以上了。

　　除正常俸禄，学政还能拿到四千两银子的养廉银，但由于上述费用，学政的生活并不宽裕。此外，各府没有专用于院试的经费预算，还要向童生收取名为"棚规"或"红案银"的考试费，其中一部分会成为学政的慰劳费。朝廷也承认收取棚规是恶习，但这种情况屡禁不止。嘉庆五年（1800年），贵州省以红案银名义征收的束脩金被禁止，同时学政的养廉银追加五百两。学政若因收受贿赂而影响童生成绩的评定，一经发现，处罚是非常严厉的，有时甚至会被判处死刑。雍正十二年（1734年）的学政俞鸿图据说受赃累万，乾隆时期山西学政喀尔钦因贪污罪被判处死刑。

　　考试结束一天后发布成绩，各县公布合格者的座位编号。由于是写在白纸上的，又称为"粉牌"或者"水牌"。最初，合格人数会比最后通过的人数多三成到五成，比如理应录取二十名童生的县，这时会公布二十六到三十名考生的座位号，入选者有权参加接下来的覆试。

第一场公布成绩的当天中午或第二天上午举行覆试，称为"提覆"或者"堂覆"，在学政驻扎的衙门里由学政亲自主持。首先是点呼前次考试的座位编号，然后向各县展示不同的试题，考生依然不能在答卷上写姓名，只能填写之前的座位编号。一天后发布成绩，这时录用的童生人数就是规定合格的人数，只要提覆合格就意味着通过了院试。

提覆第二天发布覆试的成绩，称为"招覆案"或"红案"，各县将座位编号组成圆形。之所以称为红案，并不是因为用红纸书写，而只是表示幸福的意思。除了各县合格者，还有不属于任何一县而直属于府的人，他们是第二场提覆考试中成绩优良但不能进入定员的考生，于是由府衙录用他们作为府学的生员，这称为"拨府"。

府位于县上，府没有直属的领土和民众，府的治所就是首县的治所。县有县学，有该县出身的生员，县学之外照理无须再有府学。但从历史的角度来看，府是特别的州，古代的州学成了府学，接收各县定员以外的生员已经成了惯例。直隶州的地位相当于府，但又与府不同，它不仅统率几个县，还管辖着自己的土地和民众。因此，直隶州只接收当地出身的生员，不需要拨府。

童生从红案上找到自己的座位编号后，形式上还要参加两次覆试，即招覆和总覆，目的在于确认此前参加考试的是本人，没有顶替。童生首先来到礼房，与县试时一样，购买互结单，填写祖上三代的姓名，获得两名廪生的保证和所属府学、县学教官的认印，将姓名记入学册。依照惯例，此时应向教官交纳束脩，也称为"修金""学金""修贽""赞仪"等，数额没有规定，清末江南一般在白银六两到四十两之间，越是富家子弟金额越高。对于廪保和学政、教官的仆人也要有所表示，因此，通过院试的费用高达白银六十两到八十两，连下第者的费用也不低于白银二十两。

此时的互结单又称"红结"，同样带有幸福的含义，考生将其提交教官后，第二天参加招覆。招覆在学政驻扎衙门的前堂举行，由学政亲自负责考试，除了经书的解释，还必须在第一场考试时写成的起讲上再补充几句。写完后依次来到学政面前，将答卷与第一场考试时保留的浮票一起提交。学政将其与前面的答卷进行对比，检查浮票的印章是否吻合，新答卷与旧答卷的字迹是否一致，起讲的几句是否相同，从而确认考生自始至终都是同一个人。旧答卷上还有学政审阅时的评语，又称为"文批"。"通体顺适""提比特佳"等是对优质答卷的评语，而落第者会被批上"词意生硬"等。学政向童生展示答卷，浮票归还给童生。

第二天公布成绩，各府学、县学将合格者的姓名排成圆形。

最后是象征性的总覆，从四书五经中出题，同时作诗一首，成绩不被看重，只要默写圣谕时不出错就行了。

院试的流程非常严密。为了确认县试、府试、院试确实是同一个人在答题，需要将县试、府试的答卷与院试答卷进行对比，检查考生的笔迹，这称为"三连对验"。如果出现笔迹不同，就会逮捕考生，迫其招供。

两天后，最重要的合格者名单发布，但这场庄严的仪式不再由学政出面，而是由知府负责。当天伴随三声号炮，知府身着朝服，带领仪从走出衙门，一路奏乐到达文庙。再次鸣放三声号炮后，知府在纸上写下合格者的姓名，展示于明伦堂上。仪式之所以不在考场而在文庙举行，是因为院试其实是入学考试，只有合格才能成为府县学的生员，既然成为孔子的学徒，院试的负责人知府当然首先要将新弟子的姓名向先师孔子汇报。

此后，学政在自己住宿的衙门中召集合格者，称为"发落"。教官全部身着朝服参加，合格者第一次穿上标示生员资格的正装：蓝底黑边的"蓝衫"，头上戴着雀顶，逐一拜见学政，学政赐予其称作"金花"的帽饰。新生员跪谢学政恩典，学政站着答礼并抚慰激励考生，然后离堂进入屋内。

新生员退场后要向亲戚朋友汇报合格的消息，这时需要用到学政、知县授予的合格通知书的副本。大红纸的开头写着"捷报"，除了成绩排名，还有关于合格的文字，将这样的内容分发给亲友，称为"报单"，又叫"条报""捷报"。将通过考试称作"捷"是唐代以来的用法，之后的考试都会发布捷报。另外，有的考生还会将自己在考场写作的答案印刷分发。

考生各自回到本籍县，在知县陪同下进行迎入学礼或谒圣礼。知县和县学教官一起，陪同身着蓝衫雀顶、饰有金花的新生员来到县文庙拜谒孔子牌位，然后新生员在教官组织下参加聚餐。

新生员还会召集亲朋好友举办庆功会，到场的人一般都会赠送贺礼。

蓝衫

图4 蓝衫

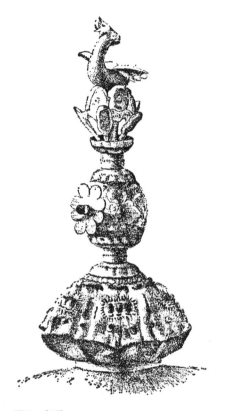

图5　雀顶

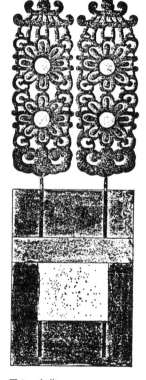

图6　金花

捷报与金花帖子

唐代的进士及第者在通知故乡时，书信中会加入泥金书帖子或金花帖子，收到书信的故乡亲友便吹打奏乐以示庆贺，这样的报信称为"喜信"（《开元天宝遗事》）。关于唐代的金花帖子的样式，宋代时就已经不可考了，但从名称来看，应该是用泥金撒成花的图案，并且有写有及第者姓名的卷轴。南宋洪迈藏有北宋咸平元年（998年）孙仅榜下第十五名及第的盛京同年小录，是一幅列有及第者五十人姓名的卷轴，依照唐制使用素绫并贴有金花。起首是四位考官的官衔、姓氏和签字，其次为四人的生年干支和月日，以及祖讳、父讳和忌日，然后依次列出状元孙仅等及第者的姓名。卷首贴有高四寸、宽二寸的绫，上有姓名"盛京"二字，以及四名考官的花押。洪迈认为，这恐怕是北宋时代的金花帖子（《容斋续笔》卷第一三）。有关这点还有一条记录，北宋端拱三年（990年）进士龚识的金花帖子直到南宋时一直保存在子孙家中，和盛京的金花帖子样式完全相同。龚明之（字熙仲）的《中吴纪闻》卷一记载："先高祖（识）登第时金花帖子尚存，其制用涂金黄纸，大书姓名，下有两知举花押，仍用白纸作一大帖贮之，亦题姓名于上。近吴南英于周参政处，模写王扶、盛京二帖子，名士题跋甚众，皆以为今世所罕见者。予因归而视其所藏，适与王扶同此一榜，规模无毫发不相似，但多白纸为护尔。今所谓榜帖者，盖起于此。"南宋末年，蜀地似乎仍盛行唐制金花，只是称为"金花榜子"。当时的蜀地远离国都临安，举行类省试代替京城的省试，考试前先要准备与及第者数量一致的金花榜子。成绩审查完成后，贡院在发布名单前，一边确认及第者的姓名，一边逐个在金花榜子上填写其祖上三代的姓名。金花榜子交给贡院的杂役（甲头）后，甲头走出贡院入口，交给负责送信的捷子，捷子一边鸣铃，一边将金花榜子送到及第者家中。不难想象，捷子可以从及第者手中获得一定的贺礼。南宋宝祐年间（1253—1258年）吴潜任明州知府时，曾模仿蜀制，将金花榜子应用于州试。榜子为木制，高一尺五寸，宽六寸，绿底周边饰有金花。公布及第者时，金花榜子交由捷子送往及第者家中，若没有榜子的人前来报告，及第者可一概不予理会（《开庆四明志》）。后来形式不断变化，恐怕就演变成近时的捷报。如图所示是发给上海县县学院试合格者张洵骅的捷报，告知其被录为县学生员的消息。不过，这也有可能是张洵骅自己制作的复本，用来分发给自己的亲友。其文意如下：

捷 报 本学报毕连中卜三元

贵府令甥坦（塯）少爷张洵骅奉

钦加同知衔正任江宁县调署江苏松江府上海县正堂 陆

择于本月吉日迎送入学肄业。

三元是指科举三个阶段的第一名，即解元、会元、状元。

图7　捷报

生　员

上述县试、府试、院试等三阶段十余场考试，其实都只是成为县学生员的入学考试，三者总称为"童试"。童试每三年举办两次，日期完全由学政决定。学政在三年任期中至少两次巡回省内各府、直隶州，针对府县学的生员举行一次岁试、一次科试，与此同时举办院试将童生录为生员，因此各府县必须适时进行府试和县试，以配合院试的时间。如果县试、府试合格，但在院试中落第，下回必须重新参加县试，才能进入院试。不过，学政在院试时如果认为该考生具有一定的学力，可以不录为生员，但授予佾生的资格，将名字记入县学的学册中，俗称"半个秀才"。佾生在下次应试时，可以不经过县试和府试，直接参加院试。

每次院试，府县学都有固定的生员名额，叫作"学额"。这个数额与该地区土地大小和人口多寡之间不存在比例关系，更像是依据文明开化程度自然地维持着定额。《会典事例·礼部·学校卷》及《学政全书》中的各省学额便是如此，其中"某某学取进或额进多少名"就是每次院试应当录用的新生员数。府学生员是来自各县的拨府人员，各县的人数分配不一定公平，拨府的人数也没有规定，完全取决于学政。不过，各县成绩优秀的童生一般不会拨府，而是回归本籍的县学。

如前所述，院试及第者被分配到府县学中，姓名记入学册，获取生员的资格。生员在所属府县学教官的指导下研习学问，但实际上生员不必到学校上课，只要在家中自学即可。生员是社会公认的一种特权阶层，他们拥有的特权包括以下几种：

（1）受到礼遇的权利。生员不是官员，但能够得到相当于官员的礼遇。其服饰相当于九品官，帽子附有九品顶戴，官员必须给予其相当的待遇，平民有义务对其表示尊敬并让出上座。不经教官同意，官府不得随意逮捕、监禁生员，平民侮辱生员将视为侮辱官员受到处罚，危害生员时处罚加重。清代是典型的官尊民卑时代，生员拥有的这些特权具有最重要的意义。

（2）参加科举的权利。如前所述，严格意义上的科举是指乡试以上，参加乡试必须具备生员身份。

（3）出贡的权利。生员内部也有阶层，生员参加考试不断提升等级，成为廪膳生（或者廪生）后，就能获得一定的学资，并出贡到中央国学作为监生、贡生，进入生员以上的阶层。

（4）税役上的权利。生员本人免于徭役。徭役本以力差银的形式与地赋、丁赋一起征收，但地方官仍会根据需要，差使民众从事力役，或者摊派需要的金额。此外还有保甲、总甲等监督纳税的杂差，这些虽是名誉职务，但因金钱负担加重而遭到民众的厌恶。生员与官吏一样，可以免除一切徭役。在缴纳赋税方面，平民一旦滞纳就会遭到鞭挞，而生员在确实贫困的情况下，可以缓交数月。

生员在法律上拥有若干特权，同时在社会中也享有便利，主要有以下几点：

（1）游幕的便利。上至总督巡抚，下至知县，各地官员都需要自费雇佣秘书，也就是幕友。幕友没有身份限制，通常雇佣官员或拥有同等社会地位的人最为便利。生员中家境贫困者若放弃参加后面的科举，可以在友人的门下充当幕友，以此为一家人糊口，这就称为"游幕"。

（2）进入社交圈的便利。在官尊民卑倾向显著的清代，一般平民无法靠近以官吏为中心的社交圈，也就是所谓官场。也有人依靠财力接近并收买官员，但必须做得十分隐秘。然而，一旦成为生员，就获得了与官员同等的待遇，因此能够公开出入他们的社交圈。结识当官的熟人能够在词讼、纳税时候享受不少便利，所以生员往往充当代理人，介入他人的诉讼，或者在他人纳税时作为代纳人，以收取手续费。官府屡次发布禁令，告诫生员不得干预公事。不难看出，生员处在多么有利的地位。

如上所述，生员享有多种特权和便利，经常产生弊害，官府为保持生员的品位而设定种种限制，规定了生员必须履行的义务。一言以蔽之，生员本是修业中的学生，应当坚守学生的本分，遵守学规（学生守则）。不过，学规并没有成文的条例，而是天子偶尔下达的上谕之类的总称，《学政全书》中有"整饬士习"、《会典事例》中有"训士规条"等条款。如果把其中生员的义务做一下整理，大概是以下几点：

（1）参加岁试的义务。生员依然是修业之中的身份，必须专心于学业。为检查是否如此，各省学政必须每三年一次巡回所辖府和直隶州，召集生员举行岁试。成绩分为五等，各有赏罚，无故缺席者将受严惩。

（2）参加仪式的义务。每逢圣节（天子生日）、元旦、冬至、丁祭（仲春或仲秋上旬的丁日），地方上都会举办庆贺的祭典，地方官从生员中选拔数人，陪同参加典礼。如有懒惰不参加者，或是参加典礼时不恭敬者，就会受到教官的处罚。总督、巡抚新任，或者学政按临拜谒文庙时也是一样。

（3）保持生员品位的义务。生员受到等同官员的待遇，应当保持私行清廉，严禁发生滞纳租税、参加诉讼事件和其他遭到非议的行为。生员与官吏一样，禁止出入娼家、携带妓女。此外，不得担任被视作贱业的胥吏，不得投身军队。

（4）不僭越学生本分的义务。生员本是修业中的身份，不得有僭越本分的行为。比如出入官衙干预政治，或者上书建言、出版自己的著作等，这些作为学生本分之外的举动都被禁止。

（5）不胡乱更改姓名的义务。生员的姓名已经载入学册，具有公共性质，随意更改姓名会给今后立身带来混乱，还会产生借用他人名义的弊端，因此通常是被禁止的。但实际上，异姓养子请求复籍，或是与朝廷大臣等重名需要更改时，可以先上奏获得许可。

以上都是生员必须履行的义务，不加遵守将受到处罚，严重时会被剥夺生员的身份，依照律例加以刑罚。但在此之前，有几种只针对生员的特殊制裁：

（1）戒饬。由各学校的教官执行，针对缺席礼仪的或不恭敬的生员。

（2）朴责。即教官鞭打，但实际上似乎并未执行过，只是单纯的书面规定。

（3）青衣、发社。简称"青衣"，指褫夺衣帽，是针对岁试成绩劣等，或同盟罢业、不参加考试的处罚。青衣较轻，发社较重。

（4）停止考试。参加同盟罢业者或者滞纳赋税者，若干期限之内不得参加科举。

（5）褫革。指完全剥夺生员资格，从学册上除名。既有止于褫革的例子，也有参照律例再处以刑罚的例子。此外，生员本身无罪但因亲戚连坐而获罪的情况也不在少数。

岁试与出贡

前文已经提到，生员中也有多个阶层，这随着学政举行岁试和科试的成绩而变动。学政在三年任期中必须两次按临辖内的府和直隶州，第一回进行岁试，第二回进行科试，由此检查生员是否勤勉。岁试是生员必须参加的考试，科试则不一定参加，这是两者的区别。因故缺席岁试的生员必须参加追加考试，也就是补考，连续三次缺考就会被退学。不过，入学三十年以上者、年龄在七十岁以上者、笃疾者可以免于考试，但同时也失去了参加科举的权利。

岁试的科目包括四书一题、五经一题、诗一题和默写圣谕一二百字，其成绩分为六等：

一等文理平通，二等文理亦通，三等文理略通，四等文理有疵，五等文理荒谬，六等文理不通。

一、二等为优等，有赏；五、六等为劣等，受罚。所谓赏罚，就是阶层的进退，各阶层有所不同：

（1）附生。刚成为生员未参加岁试，或是参加岁试列为三、四等者，称为"附生"，也就是普通生员。附生如果在下回岁试中名列一等，就能拥有跳过增生而直接替补为最高级的廪生的权利。当廪生没有缺员时，会补充为增生，增生若也没有缺员，就只能等待了。如果名列二等，附生可以替补为增生，增生没有缺员时，同样需要排队等待。名列三、四等则没有变化。名列五等就要降为青衣。名列六等时，入学不到六年者，降为发社，六年以上者黜革为民。

（2）增广生。也称为"增生"，前文提到名列二等以上的附生可以替补为增生。各学校的增生都有定额，增生在岁试中若名列一、二等，就能替补廪生，四等受戒饬，五等降为附生，六等通常黜革为民。十年以上的增生往往用作当地胥吏，但不愿意的也不强求。

（3）廪膳生。简称"廪生"，可以从官府获得一定的学资，童试时作为考生的保证人也能够得到一些谢礼，出贡时享有优先权利。各学校的廪生有定员，数量和增广生相同。如前所说，名列一、二等的增生和一等的附生可以替补为廪生，但如果下次岁试成绩劣等，就会立刻降级。具体来说，列为四等者暂停学费资助，读书六个月后重新参加考试，名列三等以上即可恢复学资，四等则等待下回岁试，五等降为增生。如果在岁试中名列五等，则暂停学资并补给他人，等下次岁试成绩优秀后再恢复，若没有缺员也必须排队。如果名列六等，十年以上的廪生降为发社，其余黜革为民。

（4）青衣、发社。都是因成绩劣等而暂停礼遇的生员。附生岁试五等时降为青衣，青衣岁试五等时降为发社，已经降为发社者名列五、六等则黜革为民。相反，青衣和发社若在岁试中名列一等则有权替补为廪生，二等有权替补为增生。

成为生员意味着拥有参加科举的资格，但通常必须先参加学政组织的称作"科试"的预备考试，认定具备充足学力后，才能赶赴乡试考取举人，进而参加会试、殿试成为进士。成为举人后，生员会离开学校，获得特殊的社会地位。此外还有出贡制度，即地方府县学的生员转为中央国学的贡生；还可以通过参加廷试直接任官，或者经过一定的修业进入仕途。这些都不依赖于科举，是从学校制度体系中录用官吏的方法。

（1）拔贡。这一制度经常变化，但核心始终是从生员中选拔人才进入科举或其他录用途径。每十二年或六年一次，朝廷下令从地方拔贡，学政就会在科试之际举行特别考试，包括四书二题、五经一题、策一题、论一题、判一题，选拔成绩优秀且品行方正者（府学两名、州县学一名），作为拔贡生候补。总督和巡抚共同举行覆试，测验四书、五经、策各一题，称为"会考"。学政将考试答卷和覆试答卷对比，在督抚同意下授予该生员称为"贡单"的证明书，命其前往中央政府，旅费由官府支付。答卷同时送往中央，用于后期考试的对照。

拔贡生在京师集合，参加称为"朝考"或"廷试"的考试。考官有时是特命的阅卷大臣，有时是礼部堂官会同国子监祭酒共同评分。拔贡生人数较多，连中小省份都各有五六十人，分三批进入宫城午门参加考试。成绩的处理因时而异，但成绩劣等、不堪拔贡之名时，不仅本人会被剥夺生员资格，选拔的学政和覆试的督抚都会受到谴责。成绩下等的生员依然回到原籍的学校，朝考优秀者则赶赴各省，试用为知县以下的官员。剩下中等生员留在国子监学习，若干时间后，国子监举行考试，优秀者替补为景山学等特殊学校的教习，三年后授予知县、教职等官位，中等者在国子监继续学习三年，然后授予教职官位，下等者立即以原生员身份回到在籍的府县学。

（2）岁贡。通常生员每次科举都会参加，但由于科举竞争激烈且三年只有一次机会，虽有实力却名列下第、长期留为生员的例子也不在少数。故而开设特例，由学政从十年以上的廪生中选拔品行优异者送往中央。实际操作中会选择资历最老的廪生，据说不到二十年的廪生是不可能出贡的。清初的岁贡生和拔贡生一样参加廷试，交由吏部选任教职。康熙二十六年（1687年）起不再参加廷试，而是给予"贡生"的名号，排队补充教职。但实际上，不等上二十年是无法就任实官的。贡生若想进入国子监学习，可以请知府或知县开具证明送往国子监，一定时间后参加国子监的考试，依据成绩授予官职。各学校出贡的岁贡生有定额，大体为府学一年一贡、州学三年两贡、县学两年一贡，人选在学政岁试和科试时决定。但岁试和科试都是三年举行一次，如果出贡之年没有考试，会在前一年进行预考或者下一年进行补考。如此一来，岁贡生通往实官的道路打开了，同时也不影响参加科举。

（3）恩贡。特殊时期的岁贡，也就是国家有喜庆事件时，有时会下令各学校出贡一人作为皇帝的特殊恩典。如果这一年有岁贡生，则改为恩贡生，另外再出一名岁贡生。恩贡生待遇和岁贡生完全一致。

（4）优贡监生。由学政从生员中选拔。学政本是天子的特派官员，任期满后必须回京上奏地方的实情，同时上报地方人物的优劣。此时，可以从自己管辖的学校生员中，将优秀者推荐给中央。选拔的标准与廪、增、附生无关，只要学问和品行优异即可。旧制规定，府学起送两名、县学起送一名，但乾隆中期限制人数，大省为五六名，中省为三四名，小省不过一二名。如果没有合适的人选，则不可胡乱充数。依据乾隆二十三年（1758年）的议准，贡往中央者需由大臣进行考试，成绩上等者进入国子监修业，劣等者回归原学，荐举的学政将受到处分。出贡廪生、增生称为优贡生，出贡附生则称为优监生。优贡生本没有廷试任官的资格，但从同治三年（1864年）起，在参照拔贡的廷试上名列一、二等者可直接任用为知县或教职。因此，比起德行，地方学政更愿意将学业作为保举出贡的依据。

上述贡生和监生本应进入国子监接受实际授课，但事实上国子监的接收人数有定额，排队入学者称为"六堂肄业生"，其余人员居住原籍，称为"各自省贡监生"。贡监生的地位，比生员略高，和生员一起参加科举，但享有不在本省考试，而是参加顺天乡试的便利。

实际上，进入国子监成为肄业生的人还享有其他特权。辟雍殿位于国子监中央，是皇帝亲临讲学之处，周边有六堂环绕，即率性堂、修道堂、诚心堂、正义堂、崇志堂、广业堂。各堂有内班生二十五人、外班生二十人，合计定员内班生一百五十人、外班生一百二十人。内班生就是寄宿生，分宿在各堂，每月给膏火银一两；外班生就是走读生，每月给膏火银二钱。

国子监设有管理监视大臣一人、祭酒满汉各一人、司业满蒙汉各一人，总理监务。各堂设有汉助教一人、汉学正或学录一人，负责指导监生。学科分为经义和治事两科，经义科学习一经或数经，治事科专攻政治、经济、法律等。

按照规定，每月都有听讲、覆讲、札记、习书等课业，需要参加每月一次的月课、每月三次的堂课等考试。但实际执行并不严格，只是在监一定期限后参加考试，获得便于走上仕途的资格而已。

　　上述出贡的贡监生在学三十六个月视为期满，由国子监向吏部通报并给出议叙。拔贡生及恩贡生选用为复设教谕（县学），优贡生及岁贡生选用为复设训导（府学、县学）。此时如果祭酒、司业保荐其学行优秀，就可再留三年修业。三年期满后，将有特派大臣考试经解一题和策问一题，合格后其成绩交由天子御览，引见后即可拔擢为知县。

　　此外，还有考职和教习上的便利。考职是指天子临时下旨，命吏部对贡监生进行考试，依据成绩分别授予职衔。恩贡和拔贡生成绩一等授予州同，二等授予州判，三等授予县丞；岁贡生一等授予主簿，二等授予吏目。

　　教习是附属国子监的八旗官学的助教，同时作为官吏补试，接受管学大臣的监督。三年教习期满后，勤勉者可以得到天子召见，任用为知县或者教职。

　　如上所述，生员可以不依赖于科举，而是继续学校生活，经过出贡和廷试，或是立即获得官吏身份，或是继续留在国子监修业，然后走上仕途。也就是说，清朝还遗留着宋代太学拔士的制度，由此打开了科举之外从学校直接录用官吏的道路。但是这条道路艰辛漫长，实际走上仕途前还要荒废大把的岁月用于排队。因此，许多生员宁愿选择科举的道路。下一节将简要介绍法制上狭义的科举制度的大致情况。

科 举

科 试

清朝的科举考试分为三个阶段。各省生员集中在省会进行的第一阶段称为"乡试"，乡试合格就获得了举人的资格。接着，全国举人齐聚北京参加第二阶段考试，也就是"会试"。会试合格的举人（或者贡士）将继续参加天子亲自主持的第三阶段考试，也就是"殿试"。殿试合格才能获赐"进士"的称号，拥有成为高等文官的资格。

不过，这三阶段的考试各自还有附属的小型考试，比如科试，即乡试的预备考试。因此，这里从科试开始，依次讲述科举考试各阶段的实际情况。

上文提到，各省学政必须在三年任期内两次巡回所辖府和直隶州，第一次举行岁试，第二次举行科试。偏远的府有时出于便利，同时举行岁试和科试，称为"岁科连考"。岁试检查生员勤奋与否，生员必须参加；科试则检验生员是否具备参加乡试的学力，具有预备考试的性质，尽管根据成绩会对生员进行赏罚和阶层变动，但应试并不作为考生的义务，完全可以自由选择。

科试的考试科目由四书一题、策一题、诗一题组成，并要求默写圣谕。名列一、二等者批示"有科举"三字，许可参加乡试，称为"录送"。第三等中的前五或前十名也可以参加乡试，剩下的必须参加名为"录遗"的追加考试。

录遗是从科试落选者中补录学力相当的生员，当乡试时间临近时，由各省学政在首府召集生员进行考试。由于生员数量庞大，各府的日期通常有所不同，一般分成几批进行考试。录遗数加上正科数的总数是固定的，因省的大小而异。省的大小不一定是指面积和人口，而是按照文化发展的程度而定：直隶、江南（江苏、安徽）、浙江、江西、福建、湖广（湖北、湖南）是大省，山东、河南、山西、广东、陕西、四川是中省，广西、云南、贵州是小省。各省通过乡试的人数和副榜（成绩上等却因举人定额而不能及第者的特殊便利）的人数都有定额。作为录科和录遗的结果，录送乡试的生员也有定额。起初举人不过三十挑一，后来增加到百人挑一。乾隆九年（1744年）减额，大省举人八十挑一，中省为六十挑一，小省为五十挑一。乾隆十三年（1748年）加取副榜，大省副榜四十挑一，中省为三十挑一，小省为二十挑一。不过，如果作为考场的贡院座位充足，学政可以任意增加录送生员的数量，称为"大收"。

国子监的贡生、监生也有权和生员一起参加乡试，录科在国子监中进行。

乡试和贡院

乡试三年举行一次，定在子、卯、午、酉年。如果宫中有喜事，会在特定年份增加一场乡试，称为"恩科"。日期定在八月，分为三场，八月初九第一场，十二日第二场，十五日第三场，连续进行三场考试。除非暴发洪水等特殊灾害，日期不可变动，全国一同举行。

乡试的考官由朝廷钦派，正、副考官各一人，从进士出身的侍郎以下京堂官中选拔，任命时间因中央到各省的距离远近而不同。正、副考官一经任命，必须尽快启程，在考试日期前到达指定的省份。如果过早公布考官，其间可能会产生请托等弊端。因此，前往云南、贵州的考官的任命时间为四月下旬，广东、广西、福建为五月上旬，四川、湖南为五月中旬，湖北、浙江、江西为六月上旬，陕西、江南为六月中旬，山东、山西、河南为七月上旬。受任考官必须在五天内出发，逗留延迟将受到处罚。朝廷根据路程远近给予路费，从云南的白银八百两到山东的白银四百两不等。

正、副考官的选拔尤其用心，特派大臣在保和殿对进士出身的京堂官进行考试，试题从四书五经中选出，加上作诗一题，由此考查其学力，之后由礼部开列姓名，并请求钦点。

除了正、副考官，还有大省十八名、小省八名组成的同考官或房官，由各省总督巡抚选拔，一般在该省的知府或知县中选择，但必须是进士或者举人出身。

考试事务方面有和考官不同系统的办事员，总辖事务者称为"监临官"，由该省巡抚担任，没有巡抚的省份由总督出任。监临官之下有提调和监试，从该省道台中任命。还有其他分担各类事务的四种办事员，一般从知县中选拔，必须至少是贡生出身。

（1）受卷官。从考生处收取答卷，检查是否存在违式。

（2）弥封官。将封面上写有考生姓名的部分弥封，从而无法识别是谁的答卷。

（3）誊录官。考生的答卷不是直接送交考官审查，而是先用朱笔誊写全文。誊录官只负责监督，实际誊写时多半使用胥吏（书记）。书记的数量，仅江南就需要二千二百名。

（4）对读官。负责校对原答卷和誊写朱卷间是否存在误抄，具体工作一般由书记完成，其人数在江南达到四百名。

以上官员在有亲属参加考试时必须回避，不得参与考试事务。

此外，考场内还有负责整理的印卷官、收掌官、巡绰官、搜检官、供给官、督门官等，各自分担任务。除了印卷官和收掌官，一般任用武官。

临近乡试日期，录科的各县生员会从知县处获得若干礼金，称为"宾兴费"。如果他们取道水路前往各省首府，船上可以竖起"奉旨某省乡试"的大旗，沿道内地关税都能享受优惠。同治九年（1870年），以赴乡试名义免除厘金者越来越多，税关甚至奉命搜查他们的船只。

考生先到卖卷厂，购买答题用纸三份。其中两份是第一场和第二场各用一份，每份都由草稿用纸七页和誊真用朱线纸十四页组成；最后一份是第三场用的，包含草稿纸八页和誊真用朱线纸十六页。朱线纸每页十二行，每行二十五字，草稿纸第一页印有"草稿起"，最后一页印有"草稿终"。考生用墨笔在用纸上作答，因此称为"墨卷"。答题用纸必须采用卖卷厂出售的官制纸，不然提交给收卷局接受证明时会被拒绝受理。因此，考生在卖卷厂购买答题用纸时，还需索要证明书。接着，考生到收卷局提交证明书，在各份答题用纸上按印证明身份，按照要求依次填写年龄大小、身高长短、面色黑白、有无胡须、本籍住址、祖上三代的姓名与存殁，在收卷局盖上布政司印章留存。进入考场后，考生根据需要获取本人的答题纸。如果办事人员不慎造成答题纸遗失，考生可以要求备用的答题纸，收卷局此时需要出示留存答案纸三份的证明。这一手续原本应在考场内进行，但为了节省时间，通常都是事先准备好的。

八月初五当天，誊录官和对读官率领部下的书记首先进入考场。此时要进行搜身，除了必要的衣服和若干食物，其他物品都是禁止携带入内的。第二天，考官与作为监临官的总督或巡抚举行小型宴会（称为"宾兴宴"或"上马宴"），然后进入考场。其队列充满威仪，为了能从外面看到正考官和监临官，两人都乘坐显轿。到达考场后，场内的明远楼鸣炮奏乐。监临官在考场正门，也就是称为"龙门"的地方奉上牺牲，然后入场巡视是否整顿妥当，称为"躧场"。

正考官和直接负责考试审查的办事员住在考场内最深处，称为"内帘官"。其余从属监临官的提调官、受卷官、对读官等，主要负责考试监督等不甚要紧的杂务，因此称为"外帘官"，住在内帘官旁边的区域。一旦入场，直到全部考试结束，上述人员禁止外出，饮食也由考场内的供给官提供。担任监临官的督抚公务繁忙，考试开始后就会将事务委托给提调官后离场，不过督抚还有别的任务。

内帘官和外帘官的联系受到严格限制，作为通路的门锁由监临官亲自保管，尤其警戒内帘官、外帘官和外界的联系。此外，外帘官负责将考生的墨字答案用朱笔誊录，不得使用墨笔；内帘官负责审阅誊录的朱卷，禁止使用朱笔。事实上为避免加笔的嫌疑，一般正、副考官使用墨笔，其他内帘官使用蓝笔，誊录官使用朱笔，对读官使用黄笔，其他外帘官使用紫笔。

第一场的考题是四书题和诗题，第二场是五经题，第三场是策题。考试前，印卷官奉正考官之命印刷试题，称为"题纸"，部分样本需呈给监临官、提调官、监试官和内监试官，并且盖印表示同意。为了与内监试官区分，监试官又称为外监试官，负责监督外帘官，一般从道员中任命；内监试官负责监督内帘官，由督抚从道员、知府中选任。

八月初八是考生入场的日子。凌晨零点鸣放第一发号炮，半小时后鸣放号炮两发，一点左右鸣放号炮三发。第三遍号炮后，打开考场大门。

凌晨三点左右在门前点名，省内几十上百府县的生员以十几人为一队，称为"起"。一起大约包含七八个府县，江南大省有十四起。第一起点名时挂一个灯笼，竖立写有时刻和某起的大旗。灯旗并用是因为早晨天光还暗，看不清旗子上的文字。考试办事员点呼考生时，府县学的教官带领被称为"门斗"的书记到场，确认考生就是生员本人。

完成点呼的考生来到第一个入口"头门"接受搜身。除了文具，寝具和简单的炊具也可以携带入内，但印刷品和笔记一律禁止。四个卫兵搜检一个考生，一旦发现违禁物品就可获得白银三

燈旂圖式

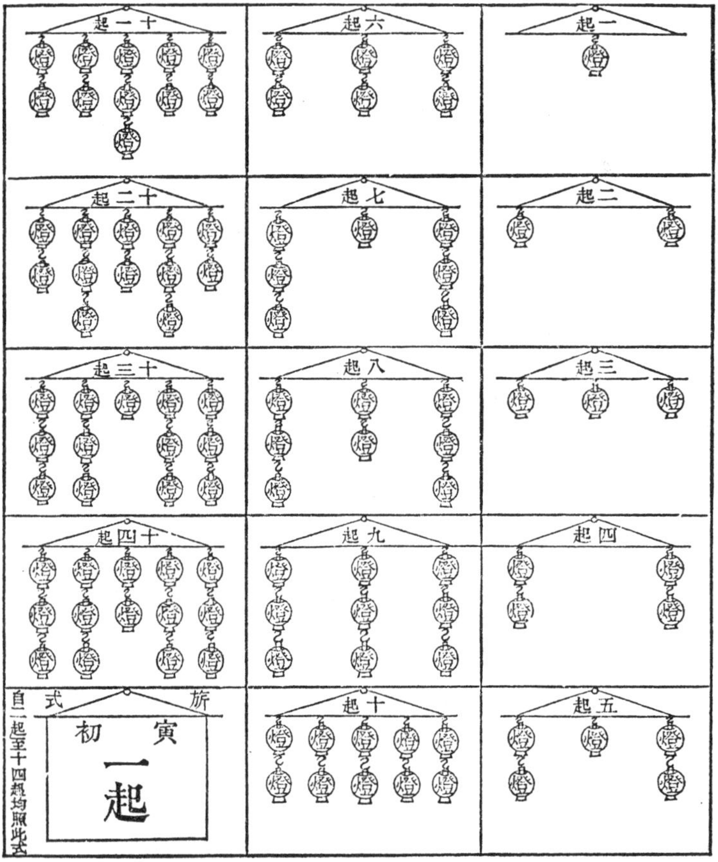

一起
二起
三起
四起
五起
六起
七起
八起
九起
十起
十一起
十二起
十三起
十四起
燈
旂式
寅初
一起
自一起至十四起均照此式

图8　灯旗图式

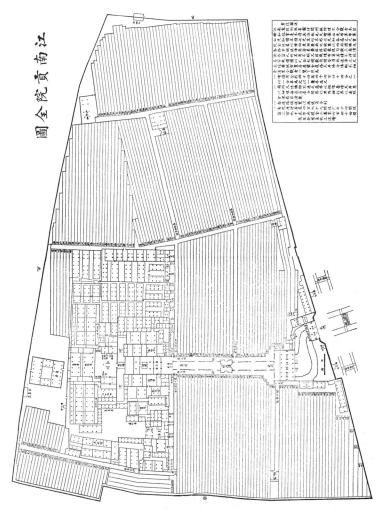

图 9　江南贡院全图

图 10 北京贡院

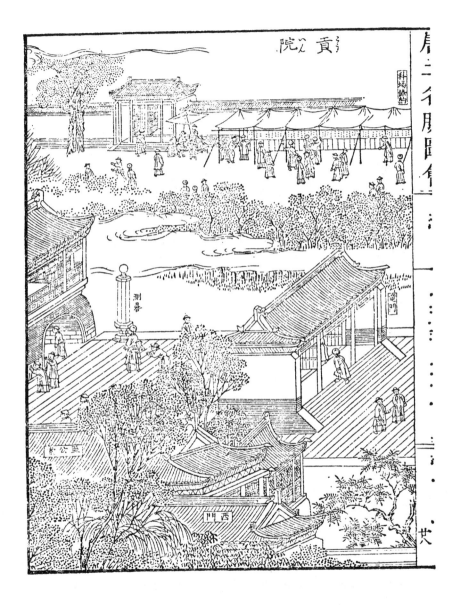

图11　南京贡院眺望

两作为奖赏，因此搜查极为严格，甚至掰开包子检查里面的馅。查完携带的物品，考生会拿到称为"照入笺"的竹牌，来到第二道门，也就是仪门。考生提交照入笺后，接受服装检查，拜领印有考试守则的小册子，称作"三场程式"。最后来到第三道门，也就是龙门。龙门内就是考试的地方，摆放着上万张座席，看起来如同迷宫一般。

乡试的考场称为"贡院"，是各省城的常设建筑。只不过三年才使用一次，很容易荒废，因此临近乡试时，必须按需加以整修。如前所述，贡院一次可以容纳两万余名考生，外面还有供考官等办事人员住宿一个多月的设施，规模十分庞大。下面简单介绍一下南京的江南两省贡院。南面是大门（头门），进大门后是仪门，仪门后是龙门。进入龙门后，向北有一条大道，称为"甬道"，甬

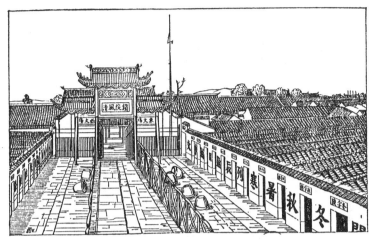

图12 南京贡院号舍

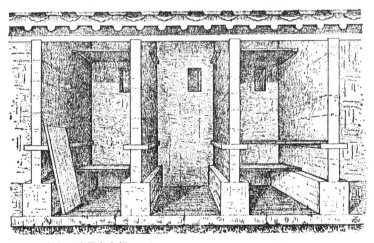

图13 南京贡院号舍内部

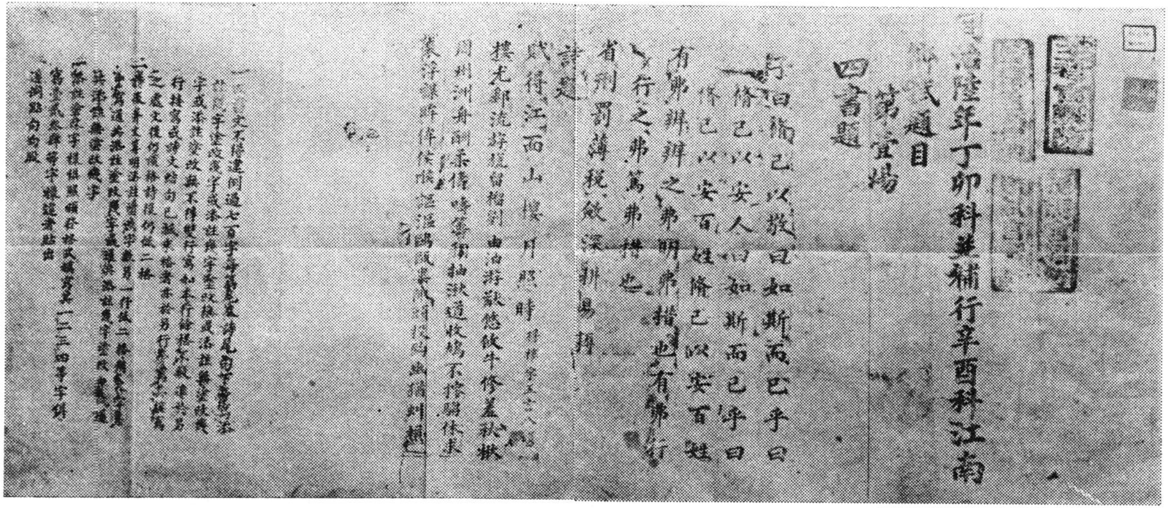

图 14　江南乡试试题的大幅纸张，印有考试试题的大幅纸张，由贡院印刷并统一分发给考生，宽 55 厘米，长达 130 厘米）

道左右是两排厮舍等狭长的建筑，称为"号筒"。每栋号筒按千字文顺序进行编号，号筒内部分割为数十个马厩般的小房间，每个房间的大小只能供人平躺，备有木制桌椅。这样的房间又称为"号坐""号舍""号房""号间"，通向房间的小道称为"号同""号巷""号弄"。南京的贡院建筑规模宏大，拥有两百九十五座号筒和两万零六百四十四间号舍，依据甬道先分为东、西两部分，然后由许多小道划分，经过号同通往各自的号舍。

甬道的中央是明远楼，是发布考试信号和进行监督的地方，此外，各处还有用于监视的瞭望楼。甬道深处是考官的宿舍，前面说过分为内帘和外帘，南京贡院的房屋有四百九十九间。

最早初八早上，最迟当天傍晚，考生各自进入指定的号舍。考生全部进场完毕后鸣炮，同时关闭所有入口，由监临官封印，第三天考试结束前都不得开启。考生进入号舍后，整顿室内，做好在里面度过两夜的准备。饮食按规定是由官府提供，但其实量少而又劣质，考生常常自备包子、馒头等。杂役中有称为"号军"的伙计，平均约每二十间号舍安排一人，他们与考生一样，住在管理范围内的空号舍中等待使唤。

八月初八晚上就在狭窄的号舍里度过，初九早上分发事先寄放的答题用纸和印有问题的题纸。同时，再次检查进入号舍的考生是否本人，点检结束后在答卷上盖上"对"的印章，称为"对号戳"。第一天的试题是四书三题和诗一题，诗题有指定的韵。四书文的答卷如果需要加注或者涂改文字，各题末尾除了写上正文多少字，还需注明加注多少字、涂改多少字。四书文的正文不得超过七百字，加注和涂改加起来不能超过一百字。初九夜间允许使用蜡烛继续作答，但也有污损答卷的危险。在不干净、不健康的号舍内过上两夜，疲劳之余还会引发疾病和精神异常，严重时甚至死亡。此时即便出现死者，也不允许打开大门搬运，只能越过围墙或破墙将尸体抬出。

考场内出现这样的横祸很不吉利，因为根据道教的说法，考场内最是善恶有报。积善德的人会获得神灵庇佑，不知不觉间写出优秀的答卷通过考试。相反，出现意外的失败就会被怀疑平日里私行有亏。

就这样过了初九晚上，到了初十的早上。六点左右鸣放号炮并奏乐，考官宣布考试结束，最慢的人也必须在该日傍晚之前提交答卷。他们将楷书誊写的答案正文和草稿交到场内的至公堂，各县分别处理。将答卷提交受卷官后，即可拿到名为"照出笺"的竹制出门许可牌。收拾好行李，等待聚集到一定的人数后，就可以结成一队，开门离开考场。

每收到一份答卷，受卷官都要检查其中有没有违规的地方。违规称为"犯贴"，比如越幅（跳过一页作答）、曳白（全部是白纸）、漏写（留有几格未填写）、污卷（蜡烛或油灯的污损）、挖补（为订正错字而裁减拼接答卷）等。受卷官发现犯贴后，应立即报告监临官，并在场外公示该考生的姓名，令其不得参加之后的考试。这样的公示称为"紫榜"或"蓝榜"，由于责任人是提调官，前文提到外帘官使用紫笔，所以称为"紫榜"；又因为之前曾经使用蓝笔，就留下了"蓝榜"的说法。

　　八月十一日是乡试第二场的入场日期。和前面一样，经过点呼后在场内度过一晚，第二天十二号正式开考。考题是五经题五道，此外还要默写第一场所作四书题的起讲几句或者诗题的答案。虽说这是为了证明考生一直都是同一人，但即便自己写的答案，几天后也会忘记，因此相差十个字以内都被视为通过。如果不同的部分在十个字以上，或是意思完全不同，考生在本次考试中就会出局。第二场考试到八月十三日傍晚结束。

　　十四日早上开始第三场的入场点名。分发的试题是策题，主要议论古今政治的得失。考官为了显示自己的学问，有时会出些难题，让考生手足无措。其实，答案常常隐藏在试题里，有时候题目太长，考生就把问题中的句子加以拼接，形成答案。康熙二十六年（1687年）规定，今后策问的试题不得超过三百字，答卷不得少于三百字，但至多不超过两千字。策论主要论述政治得失，本来是作为考试项目，但实际上清朝以后不允许议论时政问题，以免出现考生趁机向天子上书建白等行为。

　　策题的作答时间是十五日、十六日，但八月十五晚上是中秋夜，多数考生在十五日就提前交卷，出场和亲友一起赏月。

　　考生提交至公堂的答卷由受卷官收取，检查是否有犯贴，然后交给弥封官。弥封官将写有考生本籍姓名的一页折叠到答卷第一页上，用糨糊密封并盖章。每一百卷做成一束，附上千字文的记号，称为"红号"或者"内号"。此后，审阅者无法得知考生信息，能够看到的只有弥封官附加的千字文中一字和一到一百的编号。

弥封后的答卷送往誊录所，在誊录官的监督下，书记用朱笔全部抄写一遍，多的时候需要两千名书记。为了明确抄写的责任，书记要在末尾署名。这样的朱书副本称为"朱卷"，而原答卷则称为"墨卷"。

朱卷和墨卷都送往对读所，在对读官的监督下，数百名对读生对比朱卷和墨卷，检查是否存在错误，发现错写时用黄笔订正，最后签上对读者的姓名。对读生主要起用岁试、科试中名列五等而降为青衣的生员，通常顺利完成对读后会恢复到附生的阶层，称为"罚赎对读"。人手不足时，也会起用成绩名列四等的生员。

完成对读的答卷送交外收掌官，外收掌官保留墨卷，朱卷送往内收掌官处。如前所述，外收掌官属于外帘官，内收掌官属于内帘官，两者只能通过一扇门进行联系。

朱卷由内收掌官保管并逐次提交给考官。考官团队由正、副考官各一人和同考官数人组成，这里先简单介绍同考官。评卷的场所以衡鉴堂为中心，分为附有第一房、第二房编号的多个小房间，因此，同考官又称"房官"。同考官在各自的房内审阅答卷，不得持卷前往别处。同考官用蓝笔在答卷上撰写评语，评为"平妥""少精义"的答卷会被作为落卷剔除，认可"笔意精湛"的卷子会写一个"荐"字，送往正、副考官处，称为"荐卷"。

正、副考官郑重审阅荐卷，决定其及第与否。及第的答卷用墨笔写上"端庄流利""气静神恬""义精词足"等评语。正、副考官通常只共同审阅荐卷，但也可以传唤同考官将斥为落卷的答卷重新审查。考官可以从落卷中选出及第的答卷，但其成绩不能进入前五十名。取舍是通过全三场，即四书题、诗题、五经题、策题的综合成绩决定的，但最重要的是四书题的作答。

考官无法知晓作答者的姓名，也不能查对笔迹，只能阅读用朱笔誊录的答卷副本，为该编号的考生打分，但是其中仍可能有不正当的行为。比如事先约定第几行的第一个字，考官就很容易知道这份答案出自委托人之手。因此朝廷多次下令，考官特别是朝廷特派的正、副考官必须公正无私，违反要遭到重罚。康熙五十六年（1717年），浙江正考官索泰受同考官陈恂委托，帮助其亲戚及第，事发后被处以革职；雍正十三年（1735年）处罚了顺天乡试的两名考官顾祖镇和戴瀚；咸丰八年（1858年），顺天正考官柏葰因行为不端被处以死刑，这些都是典型的例子。

阅卷结束后，正、副考官制成及第者编号，称为"草榜"。内帘官和外帘官一同对照朱卷编号和墨卷，开封查看姓名，如果没有可疑之处就作为最后的结论。副考官先在号卷上用墨笔写上"取"字，正考官再批"中"字。副考官在朱卷上书写考生姓名，正考官在墨卷上书写编号，两者都需慎重保管。墨卷最后交往北京礼部，接受磨勘官和复勘大臣的再次验看。

合格者的姓名连同乡贯、生员等级，都按成绩顺序张榜公布。榜的右面画着龙，左面画着虎，因此乡试榜一般被称为"龙虎榜"。龙虎榜制成后监临官必须盖章，称为"钤榜"。江南的龙虎榜上还会写"中""实""押"三个红字，但其含义不甚明了。

龙虎榜在九月初五到二十五日间公布，称为"发榜""放榜""揭晓"。当天早上，布政司门前建起榜棚，龙虎榜在乐曲声中被运到台上，立在中央，在军队看守下展示三日，然后由布政司衙门保管。

通过乡试者称为"举人"，雅称"孝廉"。第一名及第者称为"解元"，第二名称为"亚元"或"亚魁"，前五名（包含前两名）称为"经魁"，第六名称为"榜元"，最后一名及第者称为"殿榜"，及第的举人互称为"同年"。

如前文所说，各省的乡试及第者都有定额，但此外还有副榜制度。副榜的起源是有的考生乡试成绩本来可以合格，但由于名额限制无法通过，如果直接落榜则过于可惜，于是和正榜举人一起公布姓名，享有作为副贡生进入国子监或者特别任用为某类官吏的权利。后来考生不断增加，副榜的人数也必须加以限制，一般每五名举人可以有一名副榜。副榜举人俗称"半个举人"，实际身份依然只是生员，不实际进入国子监也可以称为"副贡生"。但若想要成为真正的举人，还是必须通过下一次的乡试。

发榜当天，担任监临官的总督或巡抚制作题名录，一份呈送天子，十份发往礼部。题名录上记载乡试的考题，考官的姓名，正榜及副榜举人的姓名、本籍、身份、年龄。同时，正、副考官要从自己审阅的答卷中选出各道试题回答最优秀的一份，附上序言后做成乡试录，由总督负责印刷。其中几部送到礼部尚书手中，礼部尚书再呈一部给天子，以供乙夜之览[1]。

---

[1] 乙夜之览：乙夜相当于晚上十点左右，古代天子白天处理政务，到深夜才有读书的时间，因此雅称天子阅览文书为"乙夜之览"，简称"乙览"。

从考试结束到发榜大约需要一个月时间，住地远离省城的考生多半已经回到故乡。总督下令执掌驿递的提塘官将捷报通知合格者所在的府，知府通知知县，再由知县通知本人。合格的新举人再次到省城集合。如果走水路，船上可以竖起书有"雁塔题名"四个大字的旗子。

新举人来到省城，要拜见考官，行弟子之礼，正、副考官称为"座师"，同考官称为"房师"。其间举行的祝贺宴会称为"鹿鸣宴"，众人先北面谢天子之恩，然后在乐曲中开席。这时，当地若有六十年前参加乡试并合格的老人，可以陪同，称为"重赴鹿鸣宴"。如果新举人中有他的子孙，称为"锦上添花"，可谓令人羡慕的官场美谈。

新举人在家门前建立坊门，用于纪念乡试合格，每人可以获得二十两的费用，称为"牌坊银"或"旗匾银"。还有所谓"衣帽银"，是由省里下发的新制举人服装的费用。

新举人通常在一个月，最晚不超过两个月的时间内，向各省学政提交名为"亲供"的身份报告书，上面写有姓名、年龄、身高、本籍、祖上三代的姓名和存殁情况，学政盖章后送往中央礼部。礼部送至磨勘官和复勘大臣处，以便核对与答卷的笔迹是否一致。

新举人向亲戚朋友汇报合格的消息，称为"捷报"。与此前院试时一样，考生可以复制学政下发的合格通知书，同时将头场创作的四书题和诗题答卷印发，收到的人通常都会赠送一些贺礼。

落第者会支付一定的费用买回自己的答卷副本，也就是朱卷，阅读上面的评语作为将来应试的参考。

乡试中对老人有特殊的优待，也就是七十岁以上的考生，只要答案没有犯规，无论是否优秀，都可以在定员之外批准及第，并授予举人的称号。后来，朝廷认为这一规定有必要加以限制。嘉庆十八年（1813年）后，这一优待仅限于八十岁以上的考生，并且至少参加了最近三次乡试，以前曾获得生员的资格。这样的举人已经没有仕官的希望，只是以举人的荣誉称号作为勤学数十年的回报。如果继续参加会试，也会被特别批准及第，不经殿试直接授予国子监学正等官衔。

乡试、漕试和解试

将明清时代的乡试雅称为"漕试"或"解试"其实并不妥当。宋代的解试是州的考试，更接近于明清的院试，不过宋代在解试之后可以直接参加中央的省试，中间没有其他考试。宋代的漕试非常特别，比如参加州试者有亲戚是州中官吏或考官，就必须加以回避，或者官吏的子弟和父兄都居住在任地，并且距离本籍两千里以上，不便参加本州的考试，这些情况下考生可以赶赴漕司（即转运使）处，在漕司监督下参加其他考官的考试，称为"漕试""牒试""类试""别头试"。解试、漕试和乡试的共同点只在于，它们都是针对省试的直接预备考试。

举人的社会地位

举人本来只是进士的半成品，但终究是艰难的乡试的合格者，从全国来看，其数量也寥若晨星，特别是在乡下，举人具有很高的社会地位。

《儒林外史》中有这样一段故事。范进是一个贫困中坚持求学、过着艰苦生活的读书人，由于不顾妻子生活困苦而醉心学问，经常遭到丈人胡屠户的臭骂。此前的院试范进屡屡落第，这次好不容易通过，成为新生员。到了六月，即将参加乡试的范进向丈人借旅费，结果遭来一顿痛骂。后来在同僚的帮助下参加了乡试，回家后发现妻子已经两三天吃不上饭了。胡屠户听说后又来怒骂，范进无奈之下抓着一只鸡到街上去卖，再用换来的钱去买米。就在他出门的时候，三名县衙差役骑马前来，带来了范进合格的消息。接着，好多差役前来道贺，他们围着范进的破屋，把狭窄的门前挤得水泄不通。就在这时范进回来了，他正在为没有人买他的鸡而发愁。邻居都围了过来，嘴里喊着："中了！中了！"但范进都没有当真，直到走进家中，看见挂了一幅捷报，上面写着：

捷 报
京报连登黄甲

贵府老爷范讳进高中广东乡试
第七名亚元

范进大吃一惊，喊了一声"我中了"就晕了过去。母亲连忙用水泼他的脸，范进虽然醒了过来，却一边高呼："中了！中了！"

一边来回乱跑，他完全疯了。前来报告的县衙差役里有个细心的人对邻家说："新举人高兴过头已经疯了，想要治好就得让他平时最害怕的人来训斥他。"这真是个好主意，很快就有人去找街上卖肉的胡屠户。胡屠户半信半疑，回来就看到范进的疯样。不过，要打女婿，他也不得不犹豫起来。今非昔比，女婿已经是举人了。"虽然他是我女婿，但既然成了举人，那就是天上的星宿，打星宿会被阎王抓去打一百铁棍，发到十八层地狱，永世不得超生。"不过这样也不是办法，邻里都苦口婆心地劝道："胡老爹，你每天杀猪的营生，白刀子进去，红刀子出来，早就被阎王记上了簿子，注定是要下地狱的。但要是治好了女婿的病，这功德也够把你提到第十七层地狱了。"胡屠户推脱不得，"咕咚咕咚"喝干了两碗酒壮胆，趁着酒兴撸起袖子，果然有了平常杀猪的气势。母亲又担心起来："别弄伤了他，只要吓吓他就好。"胡屠户追上四处乱跑的范进，对着大声喊叫的范进骂道："该死的畜生，中什么了！"一边狠狠地打了一掌。虽然打了一掌，手却抖个不停，早已没了再打的勇气。好在范进虽然一度昏厥在地，醒来时却已经恢复了正常。（第三回）

举人覆试

举人要想成为进士，还需要通过两个阶段的考试，那就是会试和殿试。实际上，决定进士考试是否合格的是会试，决定成绩排名的是殿试。会试的预备考试叫作"举人覆试"，会试之后还有"会试覆试"，同时作为殿试的预备考试，此外还有殿试覆试性质的"朝考"。因此，实际上可以说还有五个阶段的考试，下面简要介绍相关的手续。

举人覆试是在会试当年对新旧举人进行的考试，在会试之前进行。举人必须参加覆试，连续缺考三次将被剥夺举人资格，贬为平民。由于参加会试的举人增多，举人覆试能够提前限制赴考人数，从清朝道光二十三年（1843年）开始实行。举人覆试一般定在乡试第二年的二月十五日，比会试日期的三月初九大约提早一个月，便于举人继续参加会试。

举人赴京参加会试时，先从总督处拿到需要提交礼部的身份证明文书和咨文，再从本县得到若干旅费，称为"公车费"。从朝廷的角度来说，会试和殿试乃是天子选拔治理天下的有用人才的考试，是国家政治的重要一环，赴试举人的旅费自然应当由官府支付。由于举人必须在考试日期前到达北京，云南、贵州、新疆等远隔之地的考生可以使用官家的驿马，还可以在船上竖起写有"奉旨礼部会试"六个大字的旗子。

二月十四日是举人覆试前一天，礼部奏请天子任命考官。天子任命几位阅卷大臣，同时下发作为试题的四书一题和诗一题。阅卷大臣立刻进入贡院，试题印制后万事俱备。

第二天开始考试，在一天内结束，阅卷大臣奉命必须在四天之内完成评阅。答卷的成绩分为五等，名簿上呈天子，天子再命磨勘官和覆勘大臣点检。覆勘大臣等先将答卷与乡试的墨卷比对，确认笔迹是否相同。如果认可阅卷大臣的打分，就以此作为举人覆试的成绩。成绩名列一、二、三等者，允许继续参加会试，四等考生根据成绩高下停止参加会试的权利一到三回不等。五等称为"不列等"，剥夺举人资格，贬为平民。

来自偏远之地的举人或是因故二月十五日前不能到达北京的，可以参加追加考试（补试）。补试一般在二月二十四日举行，再缺考就无法参加当年的会试了。

由于考生众多，顺天乡试的合格者会在乡试结束后不久的九月中旬，于宫中保和殿先举行举人覆试，以免和第二年二月的全国举人覆试重合。缺席者和上述一样，参加补试后才能进入会试。

会　试

会试在正科乡试的第二年，也就是丑、辰、未、戌年，或者恩科乡试第二年，春天三月在北京贡院举行。会试和乡试一样，分为头场、二场、三场，分别在初九、十二日、十五日举行，雅称"礼闱""春闱"。考试负责人知贡举是礼部尚书，但实际考官由朝廷特派。

三月初六，任命正考官一名、副考官三名、同考官十八名。接受任命的官员立刻进入顺天贡院，断绝与外界的接触，寝食都在场中。正考官任命之际会拿到一把钥匙，用于打开稍后天子赐下的装有试题的小盒。

初八是考试前一天，考生入场。考生以五十人为一组，接受点检后进入考场。当天礼部尚书面圣，请求下达考试题目。天子亲自将选好的四书三题、诗一题放入小盒，上锁后交给尚书，尚书携至贡院交给正考官。正考官用钥匙开锁，印刷试题。九日上午，考生收到试题，第二天答完出场。

第二场以下的试题由考官出题，但出场当天必须将该试题送往朝廷，供天子御览。第二场是五经五题，第三场是策论五题，都和乡试一样。

第二场在三月十三日结束，第三场在十六日结束。考官审阅答卷后，制作合格者编号簿，由知贡举的礼部尚书上呈天子裁决。合格者没有定额，完全由天子决定。顺治时清朝刚统一全国，需要大量的官吏，当时合格者多达四百人，康熙年间裁减至一百五十人。最初只规定了总数，各省间的比例没有定额。到康熙五十二年（1713年），除了总数，各省合格人数也按照省的大小制定了数额。清朝末年，每次会试的合格者通常在三百二十人左右。

会试考官选出最优秀的十份答卷，将朱卷呈报天子，由天子亲自决定排名。此时当选的答卷称为"元魁卷"或"魁卷"。天子选定后，考官会同知贡举对照墨卷和朱卷，将裁可的举人按成绩排名依次定为合格，制成合格者名簿，将合格榜立于礼部衙门前的彩亭中，供人们观看，时间一般会在四月十五日前后。

会试合格者是临时身份，必须通过殿试才能成为进士。会试之后、殿试之前的举人专称为"贡士"，会试第一名及第称作"会

钦命四书经义题

图16 会试墨卷（2）：封面内页

图15 会试墨卷（1）：封面

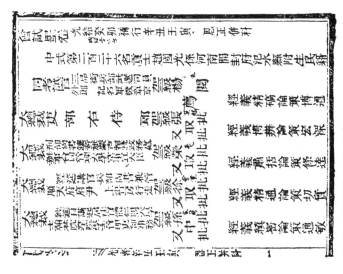

图18 会试墨卷（4）：考官

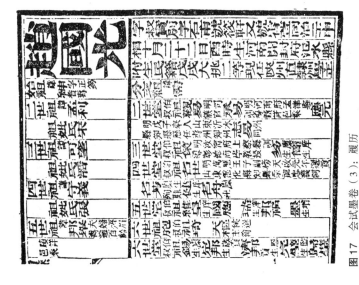

图17 会试墨卷（3）：履历

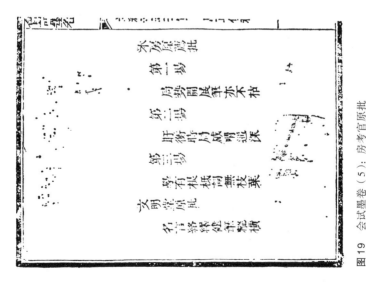

图20 会试墨卷（6）：答卷正文开头

图19 会试墨卷（5）：房考官原批

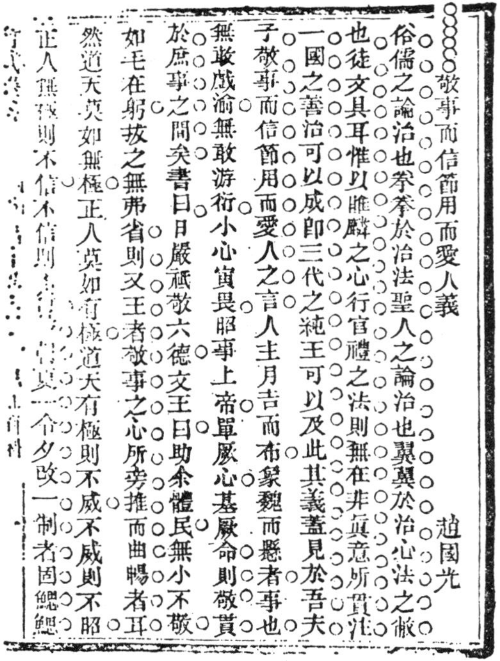

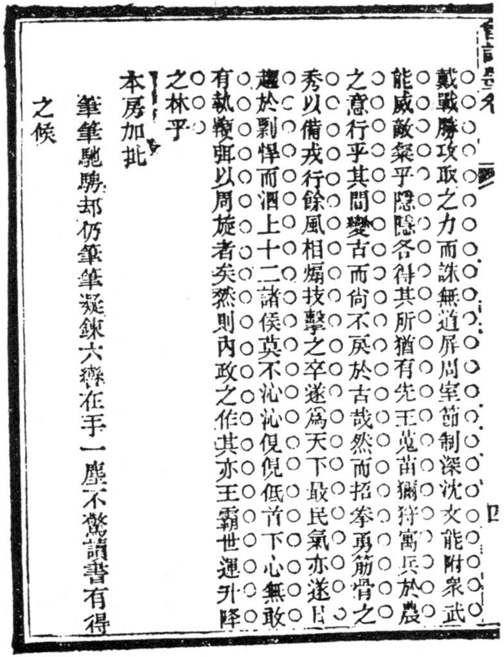
戴戰勝攻取之力而誅無道屏周室節制深沈文能附衆武
能威敵粲乎隱隱各得其所猶有先王蒐苗獮狩寓兵於農
之意行乎其間變古而尙不戾於古哉然而招拳勇筋骨之
秀以備戎行餘風相煽技擊之卒遂爲天下最民氣亦遂日
趨於剽悍而洒上十二諸侯莫不沁沁俔俔低首下心無敢
有執鞭弭以周旋者矣然則內政之作其亦王霸世運升降
之林乎

本房加批

筆筆馳驟却仍筆筆凝錬六轡在手一塵不驚讀書有得
之候

图21　会试墨卷（7）：答卷正文与考官评语

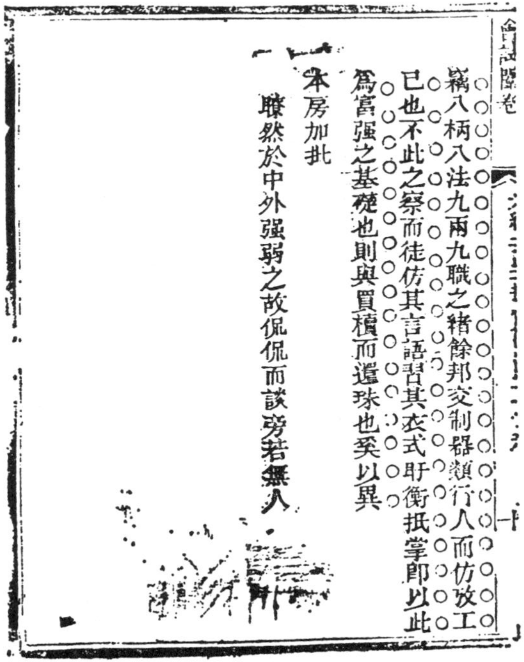
竊八柄八法九兩九職之緒餘邦交制器類行人而仿攷工
已也不此之察而徒仿其言語習其衣式盱衡抵掌即以此
爲富强之基礎也則與買櫝而還珠也奚以異

本房加批

瞭然於中外强弱之故侃侃而談旁若無人

图22　会试墨卷（8）：答卷结尾与考官评语

元", 第二名称为"亚元", 第十八名之前称为"会魁", 第六名特称"榜元", 最后一名称作"殿榜", 这些都是模仿乡试。

发榜第二天, 所有答卷送往磨勘官和覆勘大臣处点检, 同时合格者向礼部提交亲笔书写的履历书和亲供。四十多名磨勘官对每份答案和亲供进行对照, 检查笔迹是否相同。覆勘大臣再次审核, 确认没有疑点后上奏天子。

七十岁以上的考生称为"老生", 会试时编成特别的班。如果成绩不够优秀无法定为合格, 但又认可其具有一定的学力, 知贡举会专门为其奏请恩典。如果超过百岁, 天子将授予国子监司业的官衔, 九十五岁以上授予翰林院编修, 八十岁以上授予国子监学正之衔, 为其求学生涯画上完美的句号。

发榜后, 礼部尚书单独召集新合格者举行琼林宴。光禄寺的官员全权准备, 除了考官等官员和新合格者, 六十年前合格的老人也可赴宴, 众人在香案前焚香, 行三跪九叩大礼遥祝圣寿万岁, 然后宴会开始。

不过新合格者还要参加重要的殿试, 他们未必能够安心赴宴, 而是必须准备下面的考试。

会试覆试

会试覆试制度开始于乾隆五十三年 (1788年)。由于殿试是由天子亲自主持, 万一出现不合格者将有损天子的恩典, 因此没有特殊情况时, 一般会全员通过。考生至今已经闯过多道难关, 应该具有相当的实力, 但是由于考生人数众多, 很难保证没有不正当行为或是侥幸通过的，万一在天子面前失态将是大不敬。出于这样的考虑，针对通过会试的极其有限的人数，还要考验他们是否具备参加殿试的学力，这样的考试也称为"进士乡试"。开始时没有固定的考场，嘉庆六年（1801年）以后，在宫中保和殿进行。保和殿也是下一场殿试的场所，这恐怕带有在预备考试中熟悉宫中礼仪，以免在殿试时失仪的意味。

考生入宫后，要由一名同乡的前辈京官作保，将证明书提交礼部。通常在四月十六日考试入场当天，保证人会亲自前来确认考生是其本人。

阅卷大臣由天子任命，并下达四书一题、诗一题，这些都和举人覆试相同。考试在一天内结束，成绩审查时需要调来会试的原卷对照笔迹。阅卷大臣做成评分表后，与答卷一起上呈天子，经过覆勘大臣的点检，在十八日前以上谕的形式发布成绩。名列一等、二等、三等者，准许直接参加殿试，四等以下根据成绩或违规情节轻重，停止殿试一回到三回不等，称作"罚停殿试"。光绪十八年（1892年）的会试覆试有三百一十八人参加，其中二百八十三人是当年会试的合格者，三十一人是上一届，四人是上上届。上届和上上届的合格进士多数都是受此处罚，所以这一年重新参加了会试覆试。

殿试与大传胪

殿试在四月二十一日进行。考官本应由天子亲自担任，但实际会任命八到十四名读卷官负责出题和审阅答卷，但最后决定权由天子保留。同时派遣王公管理考场，称为"监试王大臣"。

考试前一天，读卷官制作试题请天子裁决。殿试的试题只有论策，一题中分为四个问题，通常是八百到一千字。试题原则上由天子下达，采用诏敕的形式，因此称为"制策"。诏敕首先下达内阁，为了赶上第二天的考试，内阁通宵印刷后送往保和殿。

四月二十一日早上，考生按上次考试成绩的顺序，奇数编号在昭德门外集合，偶数编号在贞度门外集合。礼部官员到场点名，一人分发两份答题用纸，鸿胪寺司员为引导，銮仪卫军士将物品运至保和殿。读卷官等考场工作人员在保和殿列队，内阁大学士将制策交给礼部尚书，尚书叩头接纳，再由礼部官员分发给考生，考生也叩头接纳，各自入席作答。

考生的座位在保和殿内，分列于宝座东西两侧，座位不足时还在宝座背面设座。殿中光线不足，也有人拿着试卷到户外殿廊书写。

答题有规定的格式，以"臣对臣闻"四字起始，"皇帝""制策"等文字必须换行并平抬一到二字，这些与其他文书相同。换行时前一行不能留有空白，文字字数必须填满，这称为"彻底"，也是取得优等的秘诀。清初还没有这样的形式，中期以后，第五行和第七行或第九行和第十一行会有意选择两个文字平抬，形式整齐达到极致。全文字数不得少于一千字，上不设限，一页十二行，每行二十二字左右，合计八页的答卷上最好不要留下大的空白。试题本身就是近千字的长文，有的考生借用其中的字句，写成千字以上的答案，像这样没有自己智慧和见识的答卷被称为

"空策"，而熟知典故、意见得当的答卷则称为"实策"。清初允许在殿中点燃蜡烛，答题可以持续到第二天早上。但从乾隆四十六年（1781年）起，即便考生没有答完，日落前也必须交卷，有时出于监试大臣的意志，在更早时间就要求交卷了。只要书写格式上没有违规，即使没有完成的答卷，在殿试中一般也不会落第。所有答案以"臣谨对"作结，写完后用楷书誊写，正卷提交监试大臣，大臣在文末亲自签押。考生将构思用的草稿纸、草案交给礼部官员后可以退场。

答卷第一页写有考生名字的部分要封糊，也就是所谓"糊名"。但答卷无须经过誊录，直接交到读卷官手中。

读卷官又称读卷大臣，乾隆以后是八人，两三百份答卷每人先分得数十份。读卷官争着先给自己分发试卷来拔擢高第，时常惹出纠纷。各人阅毕后在试卷背面标记五等，画上〇·△—×五种符号。然后按序由其他读卷官采分，这时彼此的评分不可过于悬殊。最后，读卷官一起在全部评为〇的答卷中选择最优秀的十份，暂时评定第一到第十的排名后呈给天子。天子通常遵从读卷官的意见确定排名，但有时也会因个人意志做出改变。乾隆二十六年（1761年）兆惠将军平定回部叛乱凯旋时，乾隆帝特命其为读卷大臣，兆惠以不习文字为由推辞，但乾隆没有同意，于是兆惠的评分全都依照其他读卷官。当时拟定的第一名是赵翼，乾隆则将陕西人王杰放在第一位，赵翼改为第三。如果得到天子的同意，前十名会在读卷官的引领下，来到天子面前进行人物考查，检验其是否堪任殿试高科的荣誉。在天子的许可下，答

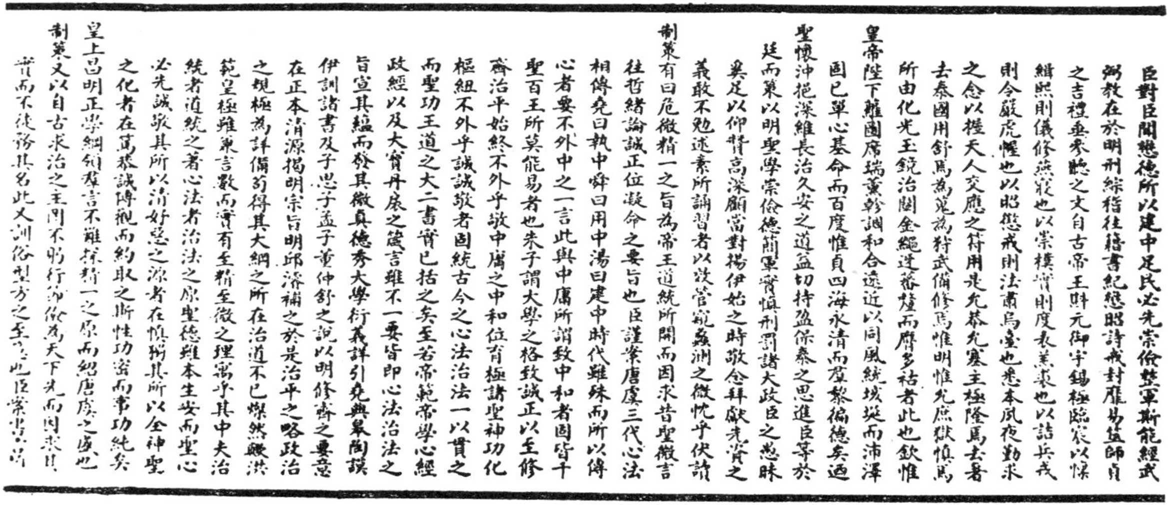

臣對臣聞懋德所以建中足民必先崇儉整軍斯能經武
弼教在於明刑綜稽往籍書紀懋昭詩戒封靡易益師貞
之吉禮垂參黜之文自古帝王時元御宇錫極臨民以慄
緝熙則儀修燕寢也以崇樸實則度表蒸裘也以詰兵戎
則令嚴虎幄也以昭懲戒則法肅烏臺也懋本夙夜勤求
之念以握天人交應之符用是允恭允塞主極隆焉去奢
去泰國用舒焉為寬為猛武備修焉惟明惟允庶獄慎焉
所由化光玉鉉治闡金繩迓蒸釐而膺多祜者此也欽惟
皇帝陛下纘圖席瑞薰彰調和合遠近以同風統域埏而沛澤
固已單心基命而百度惟貞四海永清而羣黎徧德矣迺
聖懷沖挹深維長治久安之道益切持盈保泰之思進臣等於
廷而策以明聖學崇儉德簡軍實慎刑罰諸大政臣之愚昧
奚足以仰贊高深顧當對揚伊始之時敬念拜獻先資之
義敢不勉述素所誦習者以效管窺蠡測之微忱乎伏讀
制策有曰危微精一之旨為帝王道統所開而因求昔聖微言
往哲緒論誠正位凝命之要旨也臣謹案唐虞三代心法
相傳堯曰執中舜曰用中湯曰建中時代雖殊而所以傳
心者要不外中之一言此與中庸所謂致中和者固皆千
聖百王所莫能易者也朱子謂大學之格致誠正以至修
齊治平始終不外乎敬中庸之中和位育極諸聖神功化
樞紐不外乎誠誠敬者固統古今之心法治法一以貫之
而聖功王道之大二書實已括之矣至若帝範帝學心經
政經以及大寶丹扆之箴言雖不一要皆即心法治法之
旨宣其蘊而發其微真德秀大學衍義詳引堯典皋陶謨
伊訓諸書及子思子孟子董仲舒之說以明修齊之要意
在正本清源揭明宗旨明邱濬補之於是治平之略政治
之規極為詳備斯得其大綱之所在治道不已燦然畢洪
範皇極雖兼言斂而實有至精至微之理寓乎其中夫治
統者道統之著心法者治法之原聖德雖本生安而聖心
必先誠敬其所以消好惡之源者在慎獨其所以全神聖
之化者在篤恭誠博觀而約取之斯性功密而事功純矣
皇上昌明正學綱領羣言不離於精一之原而紹唐虞之盛也
制策又以自古求治之主罔不躬行仰為天下先而因求其
實而不徒務其名此又訓俗型方之至要也臣案崇實以

图23　殿试对策模拟答案

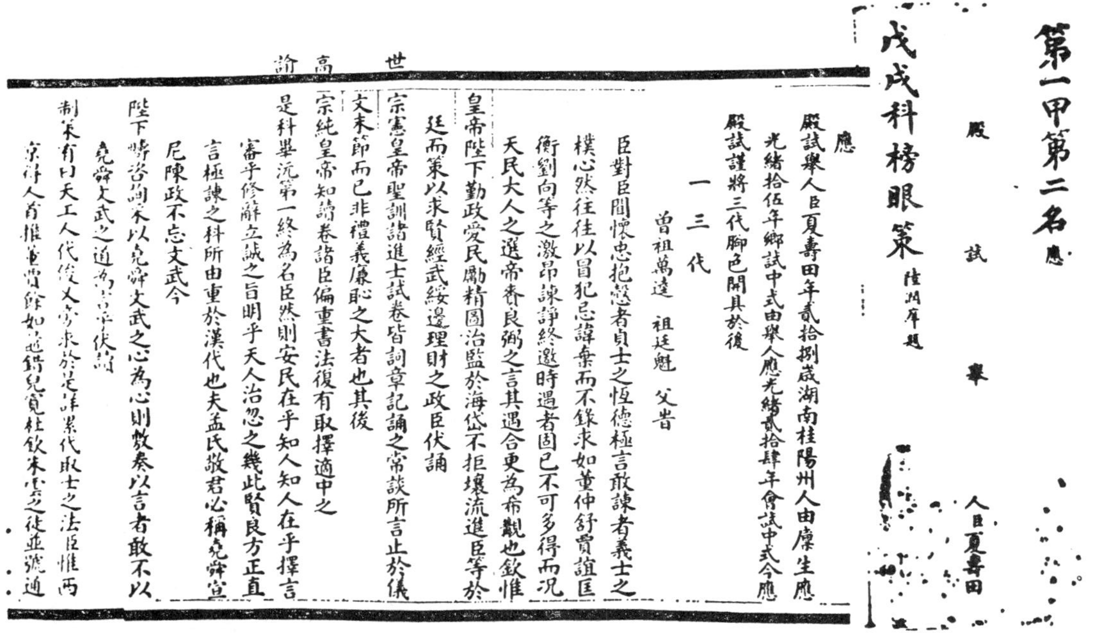

图24 光绪二十四年榜眼及第夏寿田对策

卷的前三名点为第一甲，后七名为第二甲，其他答卷也依次评定，若干人也定为第二甲，其余为第三甲。拆封后制作及第者名簿，用满汉两种文字书写，盖上"皇帝之宝"的玉玺后发布，称为"黄榜""金榜""甲榜"。

公布仪式称为"传胪"或"大传胪"，在四月二十五日举行。当天百官齐聚太和殿，新合格者身着朝服，头戴三枝九叶顶，列于殿廷之上，天子御殿。合格者被引导到天子面前，礼官呼"有旨"，众人一同跪拜。礼官宣读诏书，宣布第一甲赐进士及第，第二甲赐进士出身，第三甲赐同进士出身。然后称呼合格者姓名，第一甲第一名某某，来回呼三次，本人在鸿胪寺官引导下出列，至御前行三跪九叩之礼，其次引导第二名和第三名。之后还有第二甲的若干人和第三甲的若干人，虽然称呼其姓名，但仍留在队列之中。

第一甲的三人称为"鼎甲"，第一名为"状元"，第二名为"榜眼"，第三名为"探花"，合称"三鼎甲"。第一甲仅限三人，第二甲、第三甲人数不限，通常人数相等，第二甲的第一名称为"传胪"。

仪式结束后，天子回到后殿，礼部官员举着黄榜，在第一甲三人的陪同下走出正门。黄榜由龙亭运送，来到长安门外，在此展示三天。答卷藏于内阁，但北京的纸店可以将其借走，装裱后挂在门前。书店也会竞相誊写答卷中的上品，印刷后上市售卖，后来的考生通过例文就能知道考官的评分标准。第一甲的三名进士当天会列席顺天府尹举办的祝贺宴会。

图25　三枝九叶顶

二十六日，天子在礼部宴请新进士，还会特别任命主宴大臣担任主持人，称为"恩荣宴"。六十年前的进士合格者可以陪席，享受重赴恩荣宴的荣誉，这一点和乡试相同。

新进士在各自家门前建立坊门，为此各赏银三十两，状元特赏银八十两，称为"坊价银"。此外，为新制朝服赐绢二匹，称为"散给表里"，状元特别赏赐朝服一袭与六品官顶戴。

二十九日，状元带领新进士一同到宫阙前的午门谢恩，称为"上表谢恩"，又称为"释褐"。天子设卤簿，至太和殿召见，新进士一同上呈由状元撰写的表文。

五月初一，状元再次带领新进士至先师孔子庙行释褐礼，意味着向孔子汇报学成入仕。当天，礼部照会户部请其准备，礼毕

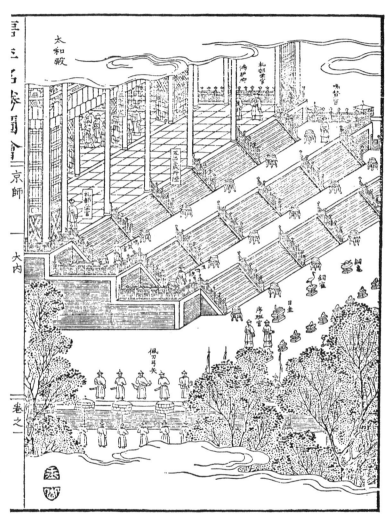

图26 太和殿图

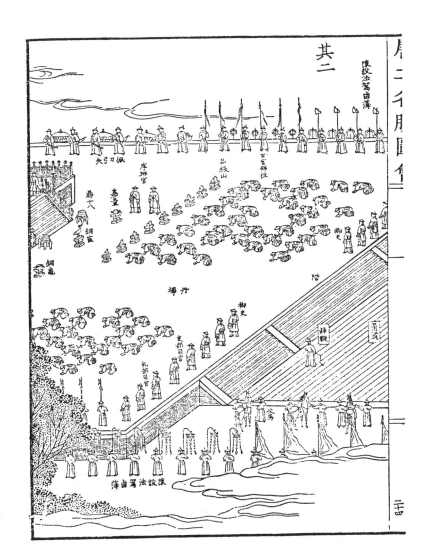

图27　午门释褐图

后一起前往彝伦堂，拜谒国子祭酒和国子司业。祭酒和司业既是国子监即太学的总长和副总长，同时也是管理孔庙的神官般的存在，在政治上没有权力，属于清秩官。祭酒以下的官员接待新进士，按例劝酒三爵。国子监从工部获银一百两，在大成门外立题名碑，碑上镌刻新进士的姓名，雅称"雁塔题名"，这是因袭了唐代在慈恩寺雁塔刻铭的典故，今天北京孔庙外还有元、明至清末的题名碑。不过，工部官员为节省经费，有时会磨去前朝的题名碑当作新碑使用。

礼部还要编纂登科录，记录天子的制策、第一甲三人的对策全文和全体进士的本籍姓名。除了上呈天子，还会印成金榜题名录和会试题名录，分发到各个省份。

获得新进士称号是非常荣耀的事，"金榜题名时"更是人生四大得意时刻之一。这一传统从唐代就已经开始，当时最后的考试是礼部负责的贡举，在春天三月举行，考试结束后新进士会在曲江参加所谓曲水流觞的宴会。进士中最年少者称为"探花使"，负责寻找长安城中牡丹开得最美的地方，宴会后带领众人前往赏花。诗人孟郊曾经吟咏道：

春风得意马蹄疾，一日看尽长安花。

清代也有恩荣宴，用天子赏赐的银盘品尝四十多道御厨制作的珍馐美味，三名鼎甲用金碗劝酒，以示荣耀。新进士各自向亲朋好友发去捷报，沉浸在合格的喜悦之中。

　　另一方面，殿试中考生负担的费用也不在少数。根据明代王世贞的《觚不觚录》，居住京城的费用、给读卷官等人的谢礼、给办事员的心意，加起来至少有白银六百两。清代恐怕还不止这个数。

五十年前二十三

　　科举考试很难通过，因此常常有老年考生参加，当时对年老的新进士有"五十年前二十三"的说法。南宋绍兴年间（1131—1162年），状元黄公度榜下的第三名及第者陈修，福州解试时，赋的题目是《想四海中兴之美》，陈修用了第五韵隔对：

　　　　葱岭金堤，不日复广轮之土。

　　　　泰山玉牒，何时清封禅之尘。

　　两句诗都包含着从金国夺回北方领土的希望。高宗看到答卷后，命人将这一对联抄下来，挂在墙上。殿试唱名时，天子记得陈修的名字，吟诵此联黯然落泪。天子询问陈修的年龄，陈修答道："臣年七十三。"问他有几个孩子，陈修回答："至今单身。"于是，天子将宫人施氏嫁给了他，嫁妆非常丰厚。当时人作谚语云（《鹤林玉露》卷十二）：

新人若问郎年几，五十年前二十三。

类似的还有詹义作登科后解嘲诗（《清夜录》）：

读尽诗书五六担，老来方得一青衫。

佳人问我年多少，五十年前二十三。

朝考和散馆

殿试应该是科举考试的终点，但进入明清后出现了被视为科举加时赛的考试。殿试后，四月二十八日进行朝考，清代自雍正元年（1723年）后有此制度。天子命翰林院举办考试，检验考生是否具备进入晋升最快的翰林院的文采。殿试的三名鼎甲在揭晓之日就有了安排，即状元为翰林院修撰，榜眼、探花为翰林院编修，但他们仍然必须参加考试。

天子任命监试大臣和阅卷大臣为考官，试题由阅卷大臣拟定，经天子许可后印刷分发。试题包括论一题、疏一题、诗一题，考试在一天内完成。阅卷大臣审阅答卷后，将成绩分为三等，再次经天子裁可，在五月初七到初十间公布。根据本次成绩，进士中名列一等者留在翰林院，出任庶吉士，继续学习的同时见习实务；名列二等者留在中央政府，出任六部主事、内阁中书；名列三等者任命为知县，出任地方。

　　留在翰林院的庶吉士进入庶常馆，在教习下继续学习三年。三年后庶常馆关闭时还有一次考试，称为"散馆考试"。考试通常在下次殿试前的四月十八日左右在保和殿举行，试题由诗和赋组成。成绩一等者担任翰林院本官，负责编修或检讨，二等者称为"部用"，任命为六部主事等官，三等出任地方知县。

八旗、宗室科举与翻译科举

　　满族人入主中原后，为收揽人心、巩固统治，几乎完全沿袭了明代的科举。但是清朝兴起于满洲，是统治语言及风俗都具有自身特色的少数民族，立场上与标榜国粹主义的明朝完全不同，清朝的科举政策自然也有其独特的烦恼。

　　清朝开疆拓土是靠着弓马的力量，但成为统治者君临中原后，最重要的是充分沟通满人与汉人的意愿。其次，中国拥有数千年的古老文明和传统，贵族官僚的公私生活比之世界都达到了极高水平。马上得天下，不能马上治天下，作为新统治者的满人必须尽可能接触中华文明，理解中华文明，蜕变为中国式的士大夫。不过，这也可能使尚武质朴的满人堕落为柔弱的纨绔子弟。满人必须汉化，但最好有一定的限度。如果从历史中寻找这一限度，和满人立场相近的各民族都有突破了汉化限度的先例，汉化的同时意味着自身灭亡，这样的悲剧比比皆是。这样的矛盾要怎样调和？这是清朝皇帝最关心的问题，也尽了最大的努力去尝试和研

究，但是面对历史性、社会性的潮流变迁，朝廷政策几乎是无能
为力的，结果也证明了这一点。

清代的中央官职政策执着于满汉并用主义，因此必须录用相
当数量的满人官吏。满人官吏的录用方法与汉人官吏的平行，通
过科举加以协调。顺治八年（1651年），吏部奏请开八旗科举，考
试八旗子弟，满人、蒙古人、汉军八旗共录用生员三百人，生员
进入顺天府学，乡试中有一百二十人通过。考试使用满文还是汉
文一度成为问题，但两者都是必要的，所以满人和蒙古人在满文
和汉文中随意选择，汉军则使用汉文。毋庸赘言，出题和成绩审
核都有特殊照顾，各方面水平之低是与一般科举无法比拟的。顺
治九年（1652年）和十二年（1655年），依据这一制度举行了两
次科举，每次得进士五十人，与普通科举分别发布成绩，各自分
为三甲，第一甲的三人定为状元、榜眼、探花，也就是所谓鼎甲。
满人沾染汉人习俗自然会招来反对意见，顺治十四年（1657年）
下令停止八旗科举，有才学者不经科举采用为部院官。康熙六年
（1667年），朝廷下令满人和汉人一同参加科举，其间不设任何差
别，不加任何照顾。康熙十五年（1676年）一度取消此令，但很
快又恢复了。最终，满人和汉人一起参加科举，但在成绩审核和
取舍上对满人加以照顾，由此制定乡试的解额。乾隆九年（1744
年），满人乡试举人数为四十一名，与汉人的解额互不干扰。会试
与汉人混合进行，但其成绩取舍因时代而不同。康熙时代大约六
名，雍正时代二十余名，乾隆时代减为四名，嘉庆时期又增加到
十人左右。会试及格后，接下来的殿试几乎都能平安通过，但殿

试成绩会依据本人实力确定排名。有清一代，满人没有出过状元。有人认为，这是清朝廷不想因为把汉人最看重的状元给予满人，从而引起汉人的愤懑。这当然是一部分原因，但满人中没有出过堪当状元的人物也是事实。

通过科举的满人数量未必能够反映当时皇帝对满人的待遇。正因为喜爱满人，所以才不愿意他们尚武的习气被汉人的文弱浸染，更何况出于"慈爱之心"，也希望满人的科举志愿遭受挫折。

八旗生员和贡监生原则上参加顺天乡试，但各省驻防八旗参加各省的乡试。他们会在旗字号的名下受到特殊照顾，其答卷称为"旗卷"。大概每十人中就会有一人通过，最优等的考生称为"旗魁"。

旗人参加乡试时，一般和汉人一样，先参加学政举办的预备考试，也就是"科试"。若要认可具备参加乡试的学力，首先必须前往兵部参加马步箭的考试，证明没有忘记"满洲本艺"。通过科试者的姓名载入科册，通过马步射考试者记入箭册，两册都登记在案才能获得参加乡试的资格。

通过乡试就成了举人，八旗举人赶赴会试之前，必须再次到兵部参加马步箭的考试。乡试、会试前进行的马步箭考试方法与后文中武举的制式相同，但命中成绩等恐怕都有照顾，只要技艺尚有可观之处，就会视作合格。

与八旗科举相似的是宗室科举。宗室就是皇族，他们有自己的出身，本不需要通过平民性质的科举与底层考生比试文笔的优劣。但是，放任不管就会助长懒惰的风气，甚至逐渐沦为无能的游民。自康熙三十六年（1697年）起，宗室子弟允许应试科举。不过，宗室子弟当然不会和一般平民同等对待，他们不必经过乡试以下的考试，可以直接参加会试。然而，当年的科举没有一个宗室及第，这关系到清皇室的脸面。于是，康熙三十九年（1700年）的科举禁止宗室参加。乾隆十年（1745年）重新解禁，但只有宗室达麟图一人以第三甲第九十名通过；乾隆十三年（1748年），宗室平泰、良成二人分别以第二甲第五十七名和第三甲第五十七名的成绩通过。恐怕朝廷再次觉得脸上无光，但嘴上并没有这样说，而是以"宗室为满人典范，应当维持骑射的旧俗，不可沾染汉人习气"为由，此后禁止宗室应试。到了嘉庆时代，宗室的数量越来越多，无法凭借宗室的身份任官，仕官无望的闲散宗室自暴自弃，已经到了无法置之不理的地步。嘉庆四年（1799年）再次解除禁令，只不过将骑射考试作为应试的条件。此时的宗室无法直接进入会试，必须先通过乡试。乡试可能是作为会试的预备考试，筛去一些不学无术之徒，免得在会试中出丑。就这样，嘉庆六年（1801年）的乡试录用了七名举人，其中三人第二年会试合格，顺利通过殿试，名列第三甲，赐同进士出身，以后各朝基本维持在这一数字。不过，宗室乡会试的出题和成绩评定都有别于平民，只要写作一文一诗即可。当然，殿试时他们要和其他举人在同等条件下作答，这是毋庸赘言的。

八旗科举的目的是从满人中选拔通晓汉文的人才录用为官吏，但清朝也需要精通满文的官吏。以皇帝为代表的清朝首脑都是满人，日常使用满语，而朝廷官吏多半是汉人，并不通晓满语。令汉人官吏全部学习满语是不现实的，两者间需要一个翻译机关。尽管制度上规定上意下达和下意上达的重要文书必须采用双语，以满汉合璧通行，但录用翻译官吏、笔帖式等也是必要的。创业之初正是满汉语翻译不可缺少的时代，翻译官吏不必培养也会能人辈出。但随着满人不断汉化，习得汉语，不用翻译也可传达意思，只是出于维护满人朝廷的脸面，不得不继续通行满汉合璧的文书形式。在这样的时代里录用翻译官吏，必须制定特殊的方案，于是产生了翻译科举的制度。翻译科举不是因需要而诞生的，不如说早已不再必要，只是为了保存满语不得不设立，这真是很讽刺的现象。

翻译的"翻"字又写成"繙"或者"飜"，《会典》等统一使用"繙"字。所谓"繙清译汉"，根据外文写出满文（清文）[①]称为"繙"，根据外文写出汉文称为"译"，两者是不同的。顺治末年已经确立翻译考试制度，从满蒙考生中录用翻译秀才，但实行几年就废止了，经过康熙治世后，直到雍正元年（1723年）才得以恢复。顺治时只有翻译秀才之名，雍正时期才举行乡试，并赐予翻译举人的名称。雍正二年（1724年）的乡试录用举人九名，四年（1726年）录用十一名，七年（1729年）为十三名，十年（1732年）除了满文翻译举人十六人，还录用了蒙古翻译举人两名。到乾隆四年（1739年），乡试之上增加翻译会试，通过者不

---

① 本书中的"清文"和"满文"意思相同，作者在行文中混合使用。为符合汉语习惯，翻译中除专有词保留"清文"的说法，其余各处统一翻译为"满文"。

经殿试直接授予翻译进士的称号，当年出了满文翻译进士二十名、蒙古翻译进士两名。至此，三阶段的翻译科举制度已经完备：翻译童生经过翻译童试成为翻译生员，然后参加翻译乡试成为翻译举人，最后参加翻译会试成为翻译进士。

翻译科试是清朝出于录用翻译官员的特殊目的，模仿中国原有科举而新设的制度。不同的是，科举必须经过下层的学校制度，但翻译科举完全与学校无关，是彻头彻尾的考试制度。因此，通过翻译童试的翻译生员无须在学校入籍，本身就是一种独立的资格。

翻译童试三年举行两次，通常从《性理精义》《小学》等中出题。满人童生出满汉文各一题，要求翻清译汉；蒙古童生从《清文性理小学》中出一题，要求翻译成蒙古文，或者从蒙古文翻译成满文。此外，考生必须用满文作谕两篇。乾隆初期应试者极多，少时有八九百人，多时达到一千三百名，合格成为生员的有四五十名到八九十名，竞争率达到十一二比一，有时甚至是二十三四比一。乾隆十三年（1748年），为了与文童试的合格率相协调，通过率改为约十人取一。

翻译乡会试三年举行一次，和文乡会试同年进行。乡试内容是四书清字论题一道、翻译题一道，翻译题出自钦命，满人考生将汉文题译成满文，蒙古考生将满文题译成蒙古文。会试分两场，头场是四书清文题一道、孝经清字论题一道，第二场是翻译题一道。从学问程度来说，这是无法与文乡会试相比的初级考试。

即便翻译科举的三个阶段，即童试、乡试、会试都被录取，各次考试前也必须先参加马步射的测试，这一点与八旗科举相同。不过也有作弊的方法，近视者免于骑射考试，于是众人都假装近视以逃避考试。下面的例子虽不是翻译科举但可以说明问题。乾隆四十年（1775年），文会试八旗举人一百二十五人中，有七十三人是近视。乾隆大怒："马步骑射，系旗人根本。满洲习气，竟至若此，实堪愤恨。若以近视眼不能骑射，哈达哈即系近视眼，此众人之所共知，伊何以随朕畋猎打牲乎？内报近视眼者，竟有七十余人之多，明系捏报，希图规避。"①最后下令，不参加骑射考试的七十三人不得参加会试。此后成为定例，近视眼不得参加文科举和翻译科举考试。然而，参加会试前必须先通过童试和乡试，童试、乡试之前也有马步射的考试，但乾隆四十年（1775年）以前从没有收到过近视的报告，这很好地说明了科举的规则并不是完全如字面般执行。

　　翻译考试在乾隆十七年（1752年）后一度中止，二十多年后的乾隆四十三年（1778年）恢复。这一年乡试得满蒙翻译举人三十八名，第二年会试时其中四名赐予进士。当时满语学问逐渐废弛，连满人也不通晓满语，懂满语者也要借助汉语的语法创作满文。于是，应试人数逐渐减少，乾隆年间参加翻译考试的人数达到满文五六百人、蒙文五六十人。嘉庆九年（1804年），两者之和为四百余人，到道光八年（1828年），只有满文一百三十余人、蒙文二十余人。与此同时，考生学力低下。道光八年乡试虽

---

①《清高宗纯帝皇帝实录》原文为："马步骑射，系旗人根本，即读书人亦不可不学。今考试者一百二十余人，内报近视眼者，竟有七十余人之多，明系捏报，希图规避。满洲习气，竟至若此，实堪愤恨。若以近视眼不能骑射，哈达哈即系近视眼，此众人之所共知，伊何以随朕畋猎打牲乎？"与作者的引文略有出入。

有满文举人八人合格，但覆试时有四人"文理欠通，错误太甚"，于是被取消了会试的资格，乡试中落第的大多数人的学力可想而知。参加会试的举人则更少，按照规定，应试举人必须达到六十人才能开始会试，因而无法三年举行一次，必须等上五年乃至十年。乾隆四十四年（1779年）有翻译会试，乾隆五十三年（1788年）本来准备举行会试，但因应试者只有三十八人，最终未能实行，到嘉庆八年（1803年）终于凑足五十名举人，这才得以举办会试。此后出于奖励，翻译科举与文科举并行，每三年举行一次，通过乡会试录用举人和进士，任官上享受优待。然而，由于考生无能，加上翻译科举的门阀势力还不如文科举门阀势力的一个分支，因而无法获得世间的尊敬，在政界也没有地位，满文的能力缺少用武之地，只能单纯从事形式上的文书翻译。尽管政府多次发布奖励，但参加翻译科举的旗人子弟仍寥寥无几。关于翻译科举常有实行殿试的议论，但最终都难以实施，名为进士出身，其才学无法和文科举相提并论。此前翻译科举曾和文科举并列树立题名碑，但乾隆十七年（1752年）后连这都省去了。

与此相反，满洲旗人逐渐对文科举产生了异常的热情和关心。他们亲手抛弃了旗人独占的参加翻译科举的权利，热衷于和汉人一起参加文科举。在家庭生活中，固有的满语在不知不觉间被忘却，伴随汉语的使用，满语沦为他们的外语。满语学习中除了来自汉文的蹩脚翻译，几乎没有纯粹的文学，无法激起学生足够的兴趣。以武力获胜的满人，最终在文化领域成了凄惨的失败者。

科举以外的官吏任用法

进士与非进士

绪论中已经提到，即便在科举的黄金时代，官吏仕途也不是只有进士一条路。实际上，官吏的出身繁多，进士只是其中一种，但进士的质量远远凌驾于其他出身之上。这里所说的质量当然不仅仅指作为官员的能力，而是各种外部评价的总称，包括成为官吏后的晋升速度，在官场占有的地位，以及社会的尊敬程度，等等。

根据清朝《会典》的规定，官吏任用资格分为文官和武官两大类，文官中正途出身和杂途出身是截然不同的。正途和杂途相当于嫡系和旁系，起源于中国自古存在的流品思想。进入近世后，文官职务的地位十分荣耀，为此必须从嫡系官僚中找到合适的人选，如果代用武官、采用胥吏或是出于资历选拔不够格的人物，最终都会导致官纪颓废的结果。所谓文官的正途和杂途分别指什么，《会典》中有如下表示：

（Ⅰ）正途出身

　　一、科甲

　　　　1. 文进士

　　　　2. 文举人

　　二、贡生

　　　　1. 恩贡生

　　　　2. 拔贡生

　　　　3. 副贡生

　　　　4. 岁贡生

　　　　5. 优贡生

　　三、监生

　　　　1. 恩监生

　　　　2. 优监生

　　四、荫生

　　　　1. 恩荫生（高官子弟）

　　　　2. 难荫生（公务殉职者的子弟）

　　五、旗人

　　六、经过保举者

（Ⅱ）杂途出身

　一、例贡生

　二、例监生

　三、荫监生

　　　　1. 恩荫监生

　　　　2. 难荫监生

　四、生员

　五、算学生

　六、胥吏

　七、俊秀

　八、医祝僧道

由此看来，杂途出身就是以文生员以下的资格担任官职的人员，正途则是由生员成为举人，凭借举人以上的资格就任官职，可以说，正途和杂途的分水岭就在生员和举人之间。大部分贡生和监生在举人之下、生员之上，几乎与举人拥有同等的资格，因此也被纳入正途。荫生是特殊的情况。这里需要注意的是，旗人视同正途出身，这是依照清朝官制中满缺、蒙古缺、汉军缺的制度。满洲人和蒙古人必然属于八旗中的某一旗，因此能够充任满洲缺和蒙古缺的官位。汉军旗人也有特定的汉军缺，无论履历如何，都有正当的权利就任汉军缺的官位。后来汉军缺常常与汉缺混淆，但汉军相当于清朝的谱代①，相对普通汉人拥有优先的权利，不问个人履历一概视为正途。

　　杂途出身中，例贡生和例监生出自捐纳，也就是用金钱购买贡生和监生的地位。当然，他们不会和其他贡生、监生一样被视为正途。虽然生员将来会成为举人或者进士，但其本来身份不过是学校的学生，法律制度上与科举无关，因此以生员身份担任官职时，就会因资格不足而被视为杂途出身。荫监生的性质与荫生相似，但因父祖官位过低，其恩荫不足以将特权惠及子孙。因此，子孙无法直接任官，而是一度成为监生，以监生的资格进入仕途。算学生是为奉职钦天监而培养的特殊技能者，如同医祝僧道会被任命为医官、神官、僧官、道官一样，不得转调到其他官署，这些都被视为

---

① 谱代：即谱代大名，在日本历史中指关原之战前即跟随德川家康、江户时代俸禄达一万石以上的世袭大名，这里用来类比清朝的八旗贵族。

杂途。胥吏是官衙的文员，在见习事务的同时积累资历继而成为官员。他们不从事正途的学问，不属于上述任何一类，履历完全不符合官吏任用规定，其中的俊才会做特殊任命，但都属于杂途。

正途出身和杂途出身的官员在任职后晋升速度迥异。在正途出身中，科甲出身与其他出身也有差异。在科甲中，又分为进士和举人，进士还分进士及第和进士出身，快慢都不一样。正因为如此，天下士子纷纷投身科举之门，国家和社会也不允许非进士者出任显官。

《会典》中对武官的出身有如下分类，其中并没有正途和杂途之分。

一、世职

二、武科

　　1. 武进士

　　2. 武举人

三、荫生

四、文职改武

五、行伍（兵丁拔补）

其中的世职与世爵有关。清朝的爵位有宗室爵和臣下爵，臣下爵分为一等公到恩骑尉二十七等。爵位可以传给子孙，但除了特大功勋而允许世袭罔替者，本人死后嫡子继承父爵，到孙辈时就要下降一等，以后逐代递减，直到恩骑尉，之后世代承袭。子孙因父亲而封爵，这称为"世爵"。世爵者可以授予与爵位相当的武官，其中大部分是建国初立有功劳的满蒙汉军八旗将士，或者是战场殉职者的子孙。除了世爵，还有世袭八旗内职务者。清代的建立与历代王朝不同，它以八旗武力为根本，在此基础上建立了国家。因此，八旗内的武官地位自然不会向平民开放，不仅如此，权势者占据地位并传给子孙的倾向还十分显著。这样的制度使得八旗风气趋于保守，对社会发展视而不见，后来又沾染了贵族的文弱风气。八旗不仅变得一无所能，更是清朝财政的巨大负担。

武科举是与文科举并行的武官任用法，但两者的重要性有着天壤之别。文进士普遍受到尊敬，能够位列朝堂大员，武进士则只能受任武官职务，晋升的希望很小，通常在碌碌无为中结束一生。

荫生的情况和文官一样，包括高级武官凭借特恩将官位传给子孙的恩荫生，以及武官战死后由子孙就任官职作为奖赏的难荫生，两者都属于特殊情况。

文职改武仅限八旗出身。八旗属员原则上都是兵丁，因此旗人就任文职者可以根据自己的意愿，改任与现有文职相对应的武职。与清朝朝廷的期望相反，在汉人思想的同化下，社会风气重文轻武的倾向显著，因此这样的例子是很少的。

兵丁拔补就是所谓"行伍出身"，通过资历或是战功从兵卒被提拔为武官。

　　清朝的国策与历代不同，重武而不偏文，特别是在满蒙汉军八旗中保存着建国初期以来质朴刚健的武勇气象，以此统治着汉人。然而，满人进入北京后，国家逐渐进入安定、和平的状态，时间久了，不知不觉间就浸润了中原文明的习气，朝廷本身也开始重用文官。

　　从官制上来看，作为国家最高政策机构的内阁是选任大学士等文臣的地方，军机处大臣本来是出于军事上的需要而设立的，满人军机姑且不谈，汉人军机大臣悉数由文官充任。掌握武官升降的兵部官员都是文官，地方的总督、巡抚原本是超越文武的特殊官员，没有文武的分别，但清中叶以后，逐渐由汉人出身的文官充当，官制上也规定为文官。总督和巡抚执掌着省内文武官员的升降，紧急时需要作为军队的统帅出征，可见统率权和指挥权也一并委托给了文官。

　　不难发现，清朝的官吏任用法有着十分复杂的体系，但其重心在文官而不在武官，文官中又在正途而不在杂途，正途中科举受到重视，其余遭到轻视。因此极端而言，理解了作为进士考试的科举制度就理解了清朝的官吏任用法。也正因为如此，本书没有拘泥于《会典》记载的文官武官之别和文官中正途杂途之别，而是直接详细叙述了进士考试（文科举）。下面补充性地介绍其他官吏任用法，由此侧面阐明科举本身的性质。

进士外的文官任用

　　关于清朝官吏任用法中视为文官正道的进士考试制度，前文分学校试和科举试两个阶段进行了叙述，其要点基本都已经涉及。

不过，文官的出身除了进士还有多种，而且其中的一部分乃至大部分都经历了与进士考试同样的过程，只是途中分离成其他的出身。这一点通过上文的叙述大体已经明确，这里再次做些列举。

（一）举人。乡试合格就成了举人，会试中没有合格的人可以凭借举人的资格进入仕途，这称为"举人大挑"。"大"是广泛进行的意思，"挑"是挑取、选拔之意。远省的举人千里迢迢赶赴京师参加会试是很不容易的，会试下第后往往会继续举行特殊考试，从中挑选成绩优秀的考生，名列一等者可任知县，列二等者补用为教职。所谓"远省"，是指贵州、云南、广西、广东、四川、湖南、福建等地，后来近省的举人三次会试下第后也可以参加大挑，但在录用比例上，远省是六成，近省是五成。到了乾隆五十二年（1787年），由于近省举人不易谋得官职，于是不再考虑省的远近，以同等比例在应试举人中挑选官员。

（二）贡生。贡生有很多种，除了捐纳的例贡生，都是生员经过其他途径发展而来的。学政出具贡单送往中央政府，这称为"出贡"。

（1）拔贡生。每六年或十二年经朝廷特命，学政从管辖省份的生员中选拔成绩优者，再由总督、巡抚会同覆试，出贡到国子监，其人员为府学两名、县学一名。朝廷再次举行朝考，成绩拔尖者定为优等，立即补用为知县以下官员，其余进入国子监学习，学成后按才录用。

（2）岁贡生。这一制度的目的是优待长年乡试不合格的生员，通常最年长者由学政出贡至中央。府学一年一贡，州学三年两贡，县学两年一贡。岁贡生也分为两种，一种直接凭此资格等待任命教职，另一种进入国子监学习，经过一定时间后参加考试并就任官职。

（3）恩贡生。属于特殊的岁贡生，国家有大喜事时，天子特命将若干生员出贡至中央。

（4）优贡生。并非学业特别优秀，也不是最年长，只是因态度认真而被学政看重。学政每三年负责将优贡生出贡至中央，通常会从廪生、增生中录用，特别优秀的附生可以作为优监生。

（5）副贡生。乡试中成绩相当优秀，考官认为达到了合格的水平，但由于乡试录取额的限制而未能成为举人。这样的考生允许名列副榜，出贡至中央国子监。

以上贡生原则上都是从生员中选择特定人物送往中央国子监，接受再教育后进入仕途。但事实上，贡生很少在国子监学习。除了拔贡生和优贡生能因在朝考中成绩优秀而立刻由中央吏部任命官职，贡生一般投奔本省的总督和巡抚接受验看，也就是人物考试，再由督抚推荐给中央，中央吏部根据推荐，依照资历顺序选用为直隶州判等官员。希望就任教职的人员由督抚和学政会同验看，推荐为县学的复设教谕、复设训导等。

（三）监生。举人和贡生都是在进士考试过程中改变方向，通过其他途径就任官职。此外还有通过特殊学校走上仕途的，监生就是其中之一。

如前所说，科举和学校在宋代本是相互独立的，但纵观中国科举和学校的沿革，在多数情况下，学校具有贵族阶级的特征，科举则建立在四民平等的精神之上。

依据唐制，门下省有弘文馆，接收学生三十人，东宫有崇文馆，接收学生二十人，入学者都是皇亲国戚或贵族侧近的子弟。在国子监的管辖之下，国子学有学生三百人，都是三品以上官员的子孙；太学有学生五百人，都是四五品官员的子孙；四门学有学生一千三百人，都是六七品官员的子孙和庶民中的俊才。与此相反，科举没有阶级的区分，可以完全凭借自己的实力翻身，这也正是科举经过唐末五代到宋代风靡全社会的原因。宋代的学校接受科举的平等精神，废除了阶级上的区分，太学和州学都不承认学生身份的优先权。元代设立蒙古国子学、回回国子学和国子学，大约半数学生是蒙古人，其余是色目人和汉人。蒙古学生考试时宜从宽，色目人加严，汉人更加严格，然后才能出学校任官。清朝的立场与元朝有共同之处，起初采用满人和汉人隶属不同学校的方法。中央学校有面向宗室的左右宗学、面向觉罗的八旗觉罗学；八旗有咸安宫官学，接收八旗子弟的俊才，有景山官学，教授内务府下三旗的子弟；一般八旗有八旗官学。每一种都包含着身份阶级的差异。此外还有主要接收汉人，作为中央学校的国子监。不过，进入国子监有特殊的规定，难易程度也不一样，可以说也存在差别待遇。

国子监的学生分为贡生和监生。监生是本来的学生，必须在学校修业，而贡生只是为获得资格，权且寄籍于国子监而已。比

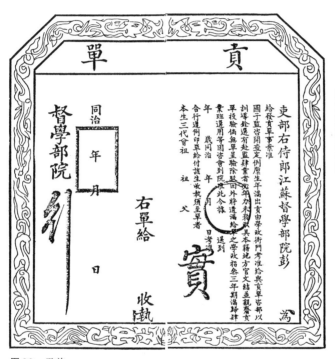

图28 贡单

如同样因"品行方正"由学政送到国子监的生员，廪生和增生成为优贡生，附生则成为优监生。因为廪生、增生是生员中的年长者，不需要在学修业，而附生是生员中的新人，需要数年的学习。其余贡生中，拔贡生自然是学力突出的生员，岁贡生是生员中最年长者，恩贡生参照岁贡生，副贡生是考官认为具有乡试合格实力的生员，每一类都是学力合格的人。关于贡生已经提到多次，这里不再赘言。

监生中视为正途出身的有恩监生和优监生。恩监生是高官子弟奉天子特恩成为监生，其中有每三年从八旗学生、算学生中通过特殊考试录取的监生，以及作为圣贤后裔而特列的恩监生。

优监生前文已述。总之，监生若有任何学力不足的情况，则由国子监的六堂接收，在国子监祭酒和司业的监督指导下，经过学习后送往吏部等候选用。恩监生和优监生在监中学习三十六个月，其间选学经义（哲学）或是治事（政治）中的一科，期满后若祭酒、司业认定优秀，则再次留监学习三年，然后奏请天子任命考官，测试经解和策问各一题，合格后引见天子，最后拔擢为知县。但事实上该制度流于空文，并没有修业之实。

监生还包括荫监生和例监生，都是杂途出身。各类监生中，除了优监生出身，其他监生都不需要广义上的进士考试经验，这一点与贡生不同。

（四）八旗官学生。满蒙汉军八旗的子弟是咸安宫官学、景山官学或八旗官学的学生，学习汉文、满文或蒙古文。修业后，学习汉文者参加文科举，学习满文、蒙古文者参加翻译科举。此外，还有通过特殊考试就任中书、笔帖式、库使等职务的制度。

（五）荫生。荫生类似于荫监生，但父祖的恩荫十分有效，其子孙无须进入国子监修业，直接可以到吏部就任官职。与荫监生一样，荫生分为恩荫生和难荫生，恩荫生是仅限于高官子孙的特殊恩典，文官在京四品以上、在外三品以上，以及武官二品以上，在国家发生吉庆事件时可以推荐子孙中的一人作为荫生。父祖是正一品的话，作为荫生的子孙可任命为员外郎或治中，以下递减。正、从四品官的子孙经过考试，可以补为县主簿或者州吏目。

难荫生是二品以下的官员除了战死，因公事在外海、大江、黄河、洞庭、洪泽等大湖中溺亡时，给予其子孙的特殊恩典。二、三品官的子孙授予主事、知州，以下递降，直到八、九品官员的子孙授予县主簿，未入流官的子孙补为州吏目。一品官的情况比较特殊，在战死或负伤时，子孙继承世职，因而不需要荫生。如果遇难地点在不属于上述危险地区的内河，或者因军务以外的公事病故，荫生的任官要下降一等，三品以上官员的子孙授予知县，以下依次递减，直到六、七品官员的子孙授予县主簿，八品以下官员的子孙不能成为荫生，而是荫监生，进入国子监修业后才能出任官职。

如此看来，荫生中的恩荫生就是古代的任子，在中世贵族制度时代毋宁说是仕途的正道。近世随着科举的兴盛，官吏成了一代贵族，以凭借自己实力通过科举出任高官作为荣誉，凭借父祖恩荫任官反而被视作耻辱，朝廷给他们的待遇也很微薄。任官后进士出身享有晋升的优先权，荫生出身则不被看重，从中也可以看到时势的变迁。

（六）制科。制科是汉代贤良方正科的延续，是重视他人推荐的官吏任用法。后世虽有自荐制科举的兴盛，基于推荐的考试仍然受到重视，几乎是被视作科举的特例。可以说，进入流行科举的时代后，朝廷为了获得科举制度无法选拔的非常人才，专门开设了这一制度。清朝康熙十七年（1678年）下诏开设博学鸿词科，下令在京三品以上及科道官、在外督抚布按，无论入仕与否，举荐学行兼优、文词卓越的人才，第二年在宫中体仁阁应试，通过了一等二十人、二等三十人。当时的合格者多数都是进士、举人、贡生出身的现官，但也有朱彝尊等五名布衣入选，授予翰林官。这是清朝博学鸿词科的开端。朝廷的真意在于以此召集作为明朝遗民的老儒，通过优待他们起到抚慰人心的作用。博鸿出身的地位高于进士出身，通常有特殊的任命，《会典》中没有记载其是正途还是杂途，但应当是与进士出身一样的正途。博鸿科在康熙和乾隆时期得人最多，可谓兴盛。

清朝中期之后，很久不开制科，光绪末年经历义和团事件后，于光绪二十九年（1903年）开设经济特科，这是为了迎合当时政治改革的潮流，意图选拔通晓世界大势的新人。尽管与此前的博鸿科意趣不同，但都反映了时势的变迁。此时的合格者只进原官之秩，举人、贡生出身者仅授予知县、州佐之官，恩典比康熙和乾隆时的博鸿逊色很多。

宋代的制科

宋代盛行以制科的方式招揽人才。官吏和平民都在官员和诸州的推荐下来到吏部，针对天子的制策撰写三千字的答卷，文理优秀者定为合格。成绩分为五等，多数是四等及第，三等及第者十分稀少，仅有吴育、苏轼、范子功等数人，定为第五等则视作落榜。最初设有贤良方正等三科，仁宗天圣七年（1029年）增设书判拔萃等科。第二年有八人应试拔萃科，仁宗亲自在崇政殿出题，合格的六人中包括余襄公（靖）、尹师鲁（洙）、毛子仁（洵）、李惇祐四位名士。当时的问题有十道：

一问：戊不学孙吴，丁诘之，曰：顾方略如何尔？

二问：丙为令长，无治声，丁言其非百里才。壬曰：君子不器，岂以小大为异哉？

三问：私有甲弩，乃首云。止稍一张，重轻不同，若为科处？

四问：丁出癸骡系于路，解作骖赎之归，不谢而入，癸请绝。

五问：甲与乙隔水将战，有司请逮其未渡而击之。甲曰不可，及阵，甲大败，或让之，甲不服。

六问：应受复除而不给，不应受而给者及其小徭役者，各当何罪？

七问：乙用牛衅钟，牵过堂下。甲见其觳觫，以羊易之。或诮之，曰见牛不见羊。

八问：官物有印封，不请所由官司，而主典擅开者，合当何罪？

九问：庚请复乡饮酒之礼。辛曰，古礼不相沿袭。庚曰，澄源则流清。

十问：死罪囚，家无周亲，上请敕许充侍者。逢恩赦，合免死否？

（《独醒杂志》卷一）

这些都是如同墨义的问题，对于选拔非常大才的制科而言，出题过于随意。时人也称，"名曰制科，实为博识辞藻之学"，"业科举"之外又有了"业制科"的说法（《宋史·富弼传》）。夏文庄公（竦）参加制科，退出至殿门时，杨徽之看他过于年少，立刻邀请其座谈。因为说起"老夫不知他事，唯喜吟咏。请示贤良一篇，以闻他日抱负"，夏竦欣然提笔写道：

殿上衮衣明日月，砚中旗影动龙蛇。

纵横礼乐三千字，独对丹樨日未斜。

杨公四度感佩，称赞"真将相之器"（《皇宋事宝类苑》卷三四）。将文学家称为将相之才未免可笑，但当时的宰相通常都是由知制诰经过翰林学士、参知政事、同平章事的顺序出将入相，出任将相也必须经历知制诰、翰林学士等长期的文笔生活时期。神宗熙宁年间（1068—1077年），由于科举制度的改革，进士科改试策论，其性质与制科类似。曾有一人名曰陈彦古，举制科成绩劣等，不知问题出处，答案字数不满三千字，不经过成绩审核就被罢黜了。熙宁七年（1074年），吕惠卿认为制科为记诵之学而非义理之学，进士考试已有策题，故不必再设立制科，以此为由废止了制科。旧法党时代出于党派之争恢复了制科，南宋时期也有实行，但很少像北宋那样名士辈出了。

（七）保举。《会典》明文，经过保举者视为正途。所谓"保举"，是指总督和巡抚根据辖区内官吏的成绩，将人才举荐到中央。清初曾有规定，督抚离任时大省保举十人，小省仅限三四人，在保证人物才能的前提下供朝廷提拔。后来，布政使、按察使及中央大学士、九卿等也将所知的人才秘密举荐至中央。受保举者通常是现任官员，也有平定地方叛乱时的出力者，凭借督抚权限暂且署理事务或任用为幕友，等事情平息后向朝廷保举，授予实官。这样的情况无论履历如何，都能享受正途出身的待遇。

有一种保举值得注意，那就是孝廉方正、山林隐逸科。博学鸿词制科主要以学问录用，而孝廉方正、山林隐逸不如说是以道德操守录用。江湖中常有志向高洁、远离俗尘者，或是以德行自任而不求闻达于世的贤士，这样的高洁之人最受尊敬。如果让他们改变志向进入仕途，就能改变朝堂上奔竞的风气，这一科目的精神也正在于此。当然，自行参加应试则与该科的意向相互矛盾，因此朝廷下令由大臣和地方督抚实行荐举，等验看属实后授予官职。从历史角度来说，孝廉方正等应当归入制科，但从清朝的实际来看，只能作为保举的一种。

以上针对《会典》中出现的文官正途出身逐一做了说明，与此相对的杂途出身则包含荫监生、算学生、胥吏和捐纳四种出身。荫监生是比较低级的官吏子孙，本来不具备恩荫的资格；算学生只有纯粹的学习技能，不从事圣贤之教；胥吏履历低贱，只是衙门中的实务见习者；捐纳就是出钱买官的人。从中国自古以来的流品思想来看，他们都是清流士大夫所不齿的俗流。

（八）荫监生。荫监生因父祖恩荫不足而无法直接进入仕途，但允许在进入国子监修业后参加考试，然后就任官职。其中又分为恩荫监生和难荫监生。恩荫监生是国家在有重大喜庆事件时给予在京五品以下、在外四品以下文官和内外三品以下武官的恩典，分别允许一子或一孙成为国子监。如前文所说，在此之上的高官则可以通过恩荫立即使子孙成为荫生。此外，难荫监生是八品以下官员在战死以外的公务中殉职，但事实、地点等不足以将子孙作为荫生时给予的恩典，分别允许一子或一孙成为监生。①

荫监生进入国子监修业三年，期满后恩荫监生再经过二十四个月、难荫监生再经过六个月，即可前往吏部等候选用。

（九）算学生。算学是清朝诸学中颇具特色的一类，教授的是西洋的算数历法。清初围绕历法形成了中国学派和西洋学派的竞争。康熙四年（1665年），也就是权臣鳌拜执政时，杨光先指责西洋人汤若望制定的时宪历有误，朝议不经深查就将汤若望治罪，杨光先提拔为钦天监正。到了康熙八年（1669年），西洋人南怀

---

① 原书中该句没有主语，根据日语习惯应该是指"恩荫监生"，但从下文内容来看明显属于"难荫监生"，原书此处可能存在脱文，翻译时依据上下文补出。

仁弹劾杨光先的历法有误，朝廷组织大臣参与实测，证明了杨光先的错误。于是，朝廷再次使用西洋法，任命南怀仁为钦天监副，杨光先判处死刑。算学是为培养奉职钦天监的官吏而特别设立的专门学校。八旗算学生从八旗官学生中选拔，汉人算学生从举人、贡生、监生、生员或无资格的平民，也就是所谓"俊秀"中录用。修业期限为五年，期满后由管算学大臣会同钦天监官考试，合格者任用为天文生或钦天监博士，逐渐晋升到钦天五官正后，允许脱离专业，上升为各部院主事或理藩院、盛京刑部的主事等。算学生分为旗人和汉人，旗人自然可以凭借自身的权利被视为正途。

（十）胥吏。近世中国的各个衙门中有三类人，那就是官、吏、役。"吏"通常和"官"并用，有时也作为"官"的同义词单独使用，但它还有与"官"对立的含义。官是朝廷任命的品官，吏出自平民的职役，直到近世成为半官半民性质的书记官，称作"胥吏""典史""书吏"等。"役"本来是平民的徭役，近世后成为一种贱业，称为"隶卒""皂隶"等。皂隶向官员提供劳力，从事看门、巡捕、护卫等杂务。胥吏虽然职位低等，但属于知识阶层，在衙门内从事文笔账簿工作，居于官和民之间，处理钱谷刑名的事务。胥吏因奉职的衙门不同而称呼各异。京师的宗人府、内阁、文渊阁、翰林院中称为"供事"，部院衙门中称为"经承"，部院中礼部还有"儒士"，外省的总督、巡抚、学政等衙门中称为"书吏"，司道县衙门称为"典史"，从属佐贰杂职者称作"攒典"，督抚盐政下还有"承差"。以上都是官制中规定的职位，此外还有"贴写""帮差"等额外人员。胥吏任期五年，五年后必须更换，但由于他们从事的刑名钱谷事务手续过于繁杂，上官唯有任用熟练的胥吏才能够整理账簿，五年一更的规定流于空文，没有实际执行。从胥吏方面来说，要成为独当一面的能够妥善处理事务的胥吏需要经历多年见习，此前不得不甘于贴写、帮差等下层胥吏的身份。既然是一项专业技术，五年一换难免引发失业问题。

为此，政府制定了胥吏期满后录用为官的制度，事务繁杂的官府胥吏只要任期中没有过失，就能以抽签而非考试的方式就任事务简单的官员，任期满后参加告示、申文各一题的考试，即可录用为从九品或未入流的官员。不过，胥吏出身的官员晋升缓慢，同时下层官员的实际收入还不如胥吏，因此胥吏并不热衷于任官，而是尽可能作为胥吏留在同一衙门中，上官对此也往往不加干涉。胥吏的规定收入极其微薄，通常依靠向民众收取手续费维持生活。他们利用专业知识，趁上官怠慢之际中饱私囊，给政治带来了无尽的弊病。

（十一）捐纳。捐纳就是卖官的意思，但清朝将卖官粉饰为捐纳。当朝廷财政困难之际，臣子不忍心袖手旁观，往往献出粟帛金钱资助朝廷，这样的忠义之情值得褒奖，这样的人任官后必定会为国家尽忠，因此授予官职也没什么不妥的。表面这样说，但实际上就是看准了富人的钱包而已。卖官制度从汉代就已经存在，宋代以"进纳""纳粟"之名逐渐成文化。清朝康熙年间因三藩问题财政紧张，于是开了捐纳的先例，三年间得白银二百万两，由此获得知县资格的人有五百余之多。乾隆年间常开捐输之例，据说每年能获得五百万两，到嘉庆、道光、咸丰年间更加频繁。

捐纳本来是出于临时目的，比如为了在裁定内乱、兴建水利、救济难民时获得需要的费用，在限定的年份内卖官。但是到了咸丰、同治、光绪年间，捐纳的目的一项还没有达到，朝廷就又受迫于其他的财政需求，捐纳几乎成为常例。前一次捐输的官员还没有就任实职，就不得不开始下一场捐输。如果按照之前捐输的顺序就职，那就没有人愿意参加新的捐纳，所以每次新开捐纳都会给予新捐纳者优先就职的权利。光绪十一年（1885年），尽管还有咸丰以来的旧酬饷事例，朝廷仍以充实海军为由，开设了海防例。光绪十三年（1887年）为了修复因黄河泛滥而决口的郑州堤坝，又开启了郑工新例。

人们通过捐纳，所获得的不仅仅是象征地位荣耀的虚衔和封典，通常还伴有实职。清朝末年时，没有实职就无法筹集到预期的金额。可以捐纳的实职包括在京文职的五品官郎中以下、在外文职的四品官道员以下和京外武职的三品官参将以下。文官的捐纳额高于武官，在外高于在京。因为在京官吏的实际收入有限，尽管晋升速度可观，但作为捐纳官无法期待今后的仕途，不如尽早就任实际收入丰厚的外职。人们最热衷的职位就是知县——这个职位直接接触民众，最适合通过不正当的手段谋取财富。

捐纳的方法十分复杂，这里为便于理解，仅举一例加以说明。假设光绪初年有一名没有官员地位的平民（俊秀），希望通过捐纳谋得知县的职位。捐纳文职官必须具有贡生或者监生的身份，而监生的地位只要捐纳白银108两就能到手，也就是成为例监生。接着通过捐纳获得知县的实职需要白银3330两，他首先从户部领取执照，凭此从州县官处获得赴选文结，然后拿到证明身家清白的族邻甘结，经过督抚报给户部。户部通知吏部，吏部按照铨选的规定，每次开知县之缺都会通过抽签决定就职的先后。

捐纳知县首先要进入双月选。双月选是吏部在偶数月份进行的铨选，如果前月中有知县任期已满而职位空缺，就会通过抽签决定新的继任者。这时会在各种知县资格者中，以同种资格者作为一群，各群之间按比例分配。双月选的知县缺是五进士、五举人、四捐纳、三应升的比例，也就是有十七个知县缺的话，其中的四缺会分给捐纳的资格者。后来，捐纳资格者越来越多，很难进入四人之中，则再捐纳白银447两者可以获得优先权。于是，各人为取得优先权争相捐纳，如果还不够，就再捐白银447两加入单月选。

单月选是吏部在奇数月份举行的铨选。单月选的知县缺比例为四丁忧服满、二开复应补、四捐输、四进士、四举人、一京升俸满副指挥，十九缺中有四缺向捐纳中的第二次优先权拥有者开放。然而，由于众人都为获得优先权而捐纳了追加金额，于是第三次捐纳白银447两者，无论单双月都可录用，也就是具有比单月四缺和双月四缺更优先的权利。不过，有三次优先权的人也逐渐多了起来，捐纳了白银4671两的人也只能耐心等待好运降临，能够在各月的抽签中当选。有人等了三十年都没有就职，但也只能静听天命了。①

到了光绪十一年（1885年），为了充实海军，政府需要新的经费，于是开设海防新例，新捐纳者比旧捐纳者拥有优先权。这样一来，旧捐纳者就任知府等于无限延期了，不过在旧例基础上再捐二成四，就可以获得与新捐纳者同等的权利，称为"过班"。海防例的知县价格相当于旧例的八成，所谓"三成过班"，三成应当追加白银1401.3两，但它的八成只要支付白银1121.04两。

无论如何，旧捐纳者都是非常不利的，就好像公债泛滥后政府又发行了获利更快的新公债，情况非常相似。

就这样到了光绪十三年（1887年），黄河堤坝决口，政府急需新的财源，被迫开郑工新例以招募新捐纳者，给予优先就职的权利。旧捐纳者为获得新优先权必须追加原价钱的三成二分，称为"四成花样"。获得新花样（优先权）要追加四成，而郑工新例的官职价格和海防例一样是原价的八成，所以追加三成二，也就是白银1494.72两。这样一来，光绪十年（1882年）以前的捐纳者总共追加了白银2615.76两，这样才能和原价八成的新捐纳者拥有相同的地位。捐纳者数量不断增多，但用于分配的知县缺额却没有增加，加上正缺之外还有称为"插缺"的插队，单双月平均下来二十余缺中只剩下四缺。假如全国经吏部铨选的知县缺为一千二百个，三年交替一次的话，一年是四百缺，分给捐纳者的

---

① 以下的计算阐释中，作者将捐纳总额"4671两"误作"4761两"，导致原著中结果偏差。中译本已做修改。

才不过八十缺，而捐纳的资格者达到数千人，就职困难可想而知。为了尽早就任实职必须采用其他手段，那就是收买吏部的胥吏，通过不正当手段使自己在抽签中中选。只要有真金白银，这也不是不可能的事。

不过，想要通过贿赂就任知县，还有比用金银收买中央吏部更便利的方法，那就是到总督衙门走动。知县缺除了属于中央吏部的选缺，还有总督提名并申请吏部任命的题缺、调缺。所以，只要收买了总督衙门的官吏，就能更顺利地就任知县，这一费用在清末要白银五万两。不难想象，通过中央吏部铨选就任知县的费用绝不止正规的捐纳额，可能要花费与之相当甚至更高的运作费用。

知县的地位如此难得而且昂贵，但在纲纪紊乱的清末，直接接触民众、掌管钱谷刑名的知县的实际收入更高，预计一年平均可达白银五万两。如此一来，投资的运作费不难收回。同时，捐纳出身、目不识丁的土豪多数在衙门奉职，他们通晓官场的内情，醉心于利用专业知识满足自己的利益。由此看来，捐纳酿成的弊害已经达到了罄竹难书的地步。有鉴于此，清朝自光绪二十七年（1901年）起，禁止捐输实官，主要进行虚衔、封典等荣誉的捐纳，但民众对此不屑一顾。由于光绪二十九年（1903年）的广西叛乱和光绪三十年（1904年）日俄战争后重建奉天省，朝廷又不得不再次开设实官捐输。此后，实官捐输基本不再实行，但吏治的颓废已经积重难返，捐输之外贿赂横行。所谓"官以贿成"，用金钱求得官职已经无关是否捐纳。毋庸赘言，这种习气的形成正是源于过去实行的捐纳制度。

捐纳最初从例监生开始，所以捐纳出身者多称"监生出身"。在碑铭传记中，其他监生为与例监生区别必定会称为"某监生"，只有例监生会省去"例"字。因此，只要看到监生，大体就可以认定是捐纳的例监生了。

武官的任用

武官任用法与文官有很多不同之处。清朝坚持以武立国的方针，建国初期将八旗制度作为基础，在国民皆兵主义下，文官不如说是武官的一种变型。入关以后，清廷在明朝遗风的影响下，逐渐兴起文尊武卑的风气，文官采用科举出身的进士，但武官依然保留旧时习俗，以八旗为根本，辅之以绿营。八旗内部的武官基本上是世袭贵族的子弟，封建色彩浓厚；绿营中虽然兵卒都是汉人，但武官并用八旗出身者，原则上录用武科出身的八旗和汉人武官。此外，与文官类似，也有荫生和捐纳，对应文官的胥吏出身，也有行伍出身。行伍出身中有凭借武官特有的军功而立身的，不同于文官的胥吏出身受到歧视，以军功出身行伍的武官最受尊敬，名声在武举出身之上，这就反映了文武的差别。

（一）世职。世职主要在八旗内部实行，其中包含以下种类：

（1）世爵。清朝的爵位分成宗室爵和臣下爵，臣下爵分为九位二十七等。

公	一等公
	二等公
	三等公
侯	一等侯兼一云骑尉
	一等侯
	二等侯
	三等侯
伯	一等伯兼一云骑尉
	一等伯
	二等伯
	三等伯
子	一等子兼一云骑尉
	一等子
	二等子
	三等子
男	一等男兼一云骑尉
	一等男
	二等男
	三等男
轻车都尉	一等轻车都尉兼一云骑尉
	一等轻车都尉
	二等轻车都尉
	三等轻车都尉
骑都尉	骑都尉兼一云骑尉
	骑都尉
云骑尉	云骑尉
恩骑尉	恩骑尉

　　封爵有各种原因，军功是最普遍的一种。受封者嫡子继承父爵，孙辈起递减一等，直到恩骑尉，这一爵位世代承袭，没有特

殊原因就不会取消。建立显赫军功时称为"世袭罔替"，子孙每次袭爵时都不必递减。爵位原则上依据军功，骑都尉以下如爵名所示，一看就是武官。公侯伯子男的名称和骑都尉以下一样，本来只是满语的翻译，子爵相当于武官正一品，男爵相当于正二品，轻车都尉相当于正三品，骑都尉相当于正四品，云骑尉相当于正五品，恩骑尉相当于正七品，公、侯、伯居其上，称为"超品"。

新袭爵者通常先见习军务，称为"试任"。汉人世爵先在附近的军营中学习，公、侯、伯、子、男在侍卫所行走。"学习"仅仅是见习，"行走"则是实际分担责任。八旗的世爵，子、男以下直接在侍卫所以外的地方行走当差。

行走期满后，汉人的公、侯、伯、子、男授予副将，八旗的子、男到云骑尉授予三等侍卫，恩骑尉授予蓝翎侍卫。八旗的公、侯、伯不经试任，直接授予散秩大臣或侍卫，汉人轻车都尉以下在军营学习期满后，立刻授予参将、游击、都司、守备、千总等官职。

（2）世管佐领。佐领本来是族长，是作为清朝八旗制度组成单位的一个部族约百名壮丁的统帅。后来拟定官制后，佐领被定为正四品的武官，但依然主管麾下旗人的人事，担任着如同汉地知县般的职务。清代立国之初，如果某个部落的族长带领族人前来归附，其子孙世代承袭佐领的职位，或者因功勋特赐户口而形成一族，其子孙世袭佐领并称为"勋旧佐领"。如果率领来归的族人过少，不足以形成一个团体，则合并两姓或者三姓，选出一名佐领作为"合管佐领"，如果佐领由各姓轮流选出，则称为"互管佐领"。此外，临时被任命为佐领者若建立功勋，则可直接世袭佐领，称为"优异佐领"；如果因人口增加而从一个佐领分家，称为"滋生佐领"。

（3）世袭陵寝官。守卫陵寝的武职包括总管、翼长、防御等，防御是正五品官员，其中就有世袭的。

（4）世袭散秩大臣。统领八旗者称为"各旗都统"，官列从一品，与下面的副都统、参领、佐领等武官形成一个系统。没有实职、享受仅次于副都统待遇的是从二品散秩大臣。他们不编入旗中，但需要承担入宫执勤等义务，在八旗中不被赐爵，只允许世袭散秩大臣的地位。

（二）荫生。同文官一样，武官也有荫生。尽管原则上文官的荫生是文官，武官的荫生是武官，但武官二品以上的恩荫生可以就任文官，文官恩荫生也可以自愿改为武官。武官为国事殉职时，无论其身份如何，其子赐四品至无品的荫生。恩荫的话，文武二品官和公、侯、伯之子为四品荫生，以下依次递减，文武四品官之子为七品荫生，男爵之子为八品荫生。

荫生在军营学习军务，若干期限后，四品荫生授予都司，五品荫生授予守备，六品荫生授予营卫千总，七八品荫生授予把总外委。

（三）武科（武进士、武举人）。如同文官科举一样，武官也有科举，称为"武举"，但其重要性无法与文官相比。

下面简单介绍武举的顺序。想要成为武官的青少年首先参加武童试。

武童试和文童试一样，分成知县主持的县试、知府主持的府试、学政主持的院试三个阶段。考生称为"武童"，他们先到兵房申请并提交结单，这些都和文章一样。

武县试分成三场，头场考骑射，二场考步射、技勇，三场默写"武经"。头场和二场考验技艺称为"外场"，三场考查学科称为"内场"。

头场的骑射在教场（练兵场）进行，考生骑在马上射出三箭，目标是高约一米六的人形靶子。三箭射中一箭即判为合格，允许参加下面的考试；如果三箭都不中或者出现落马等失仪情况，则失去考试资格。射中两箭记为单好，三箭都中记为双好。

二场通常在县衙内的广场举行。步射是发给五支箭，射向五十步以外的圆形靶子。射中一箭为合格，射中两箭、三箭为单好，射中四箭及全中为双好。同天或第二天考试技勇，包括开弓、舞刀、掇石三种。"开弓"是连续三次拉开硬弓，由此考验臂力；硬弓有一百二十斤、一百斤和八十斤之分。"舞刀"是将长约三米的青龙刀先在手中操练，继而前后舞动，最后像水车一样挥舞，其间刀不能落地；刀的重量同样分为三等，即一百二十斤、一百零五斤和八十斤。"掇石"是搬起或举起重石，石头距离地面至少一尺；重石有三百斤、二百五十斤和二百斤之分。

三场是在县衙中进行的学科考试。清初考策论，但从嘉庆十二年（1807年）起，改为背诵"武经"，默写约一百字的内容。"武经"有《孙子》《吴子》《司马法》三种，都被视为古代中国的战术教科书。不过，武举中的学科考试并不重要，主要还是凭外场的成绩决定取舍。

县试合格者参加府试，考试方法完全参照县试。不过，旗人是在所属旗副都统处参加相当于县试的考试，然后直接进入府试。

院试在学政按临岁试时举行，也就是三年举行一次。考试方法和县试、府试相同，但由于学额的限制，通过者的合格分更高。

院试合格后就获得了武学生员的身份，姓名被记入学册。武生有义务参加三年一次的学政岁试，缺席三次则褫夺资格。武生中没有文生的廪生、增生等阶层区分，也没有出贡的恩典，如果不能参加武乡试取得武举人的资格，就只能一辈子甘于生员的身份。不过，成为武生三十年者、年满七十岁者，或实际进入军营服务者，都可以免于岁试。

武乡试与文乡试同年，在子、卯、午、酉年的十月初举行。总督或巡抚是考试的监临官兼主考官，但必须有一名提督或总兵等武官作为同考官。

考试科目除了马箭六矢、步箭六矢、开弓、舞刀、掇石、默写"武经"，还有所谓的"地球"，也就是从马上射落圆球，但是只允许射一次。要射中地球中心就很容易从马上掉落，这是测验射箭技术的精准度。不过，考试成绩是依照马步箭计算的，仅地球失败通常不会判为落第。

取舍基本按照外场的成绩决定，内场的默写与及格与否无关。武生的学力通常都很低，比如把"一旦"二字写成"亘"，把"丕"字写成"不一"，等等。

从乡试成绩来看，通过者一般都是掇石三百斤、舞刀一百二十斤、开弓十二力（一百二十斤）、马箭中五矢、步箭中五矢以上的水平。

乡试合格就获得了武举人的地位，武举人可以直接就任武职。如果要成为武进士，就必须继续参加武会试和武殿试。

武会试三年一次，丑、辰、未、戌年的九月或十月在北京举行。外场任命监射大臣或较射大臣为考官，内场则有知贡举和主考官，都接受监试御史的监督。

会试在九月举行，初五、初六、初七头场，考骑射，初八、初九、初十二场，考步射、技勇，以上外场大体决定取舍。十一日，在单好和双好获得者中，以每百人选出二十二人的比例，公布姓名，并在贡院参加覆试。十四日，在贡院内覆试开弓后，默写"武经"。根据综合成绩制成合格者名簿，上奏天子请求裁决。合格者没有限额，通常是百余名。会试及第者称为"武贡士"，其中成绩第一的称为"武会元"，前五名称为"武会魁"。会试落第的武举人赶赴兵部，经过考试后授予千总等职位。

九月末任命殿试的读卷官、监试官、受卷官、弥封官、收掌官等，读卷官从"武经"中选取问题，请求天子裁定后印刷。十月初一，全体武贡士从午门进入太和殿，拿到读卷官下发的题纸，默写"武经"的指定部分后上交。

十月初三，天子亲自从福华门进入紫光阁，观看贡士的骑射和步射考试。每人须骑射三箭、步射两箭，此时即便失败也并不会被判为落第。

图29　紫光阁试武进士

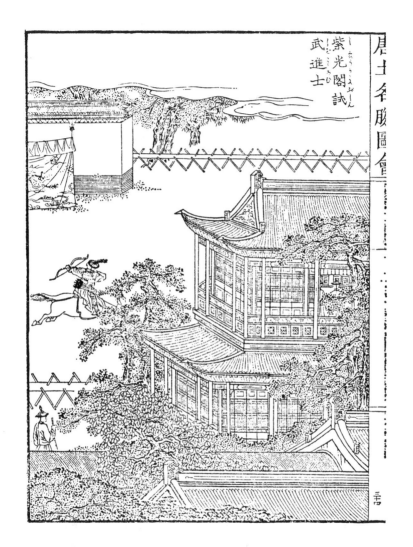

紫光閣試
武進士

初四是御前的技勇考试，贡士分别考开弓、舞刀和掇石。此时，如果力量表现与会试成绩不符，就会受到"补行殿试"的处罚。不过，这不意味着罢黜，而是三年之后重新来参加殿试。

考官在同一天制成合格者名簿，经天子认可后，第二天在太和殿举行传胪仪式。第一甲三名赐武进士及第，第二甲若干名赐武进士出身，剩下的与第三甲赐同武进士出身。

第一甲第一名即武状元，授予一等侍卫，第二名、第三名授予二等侍卫，第二甲授予三等侍卫，第三甲授予蓝翎侍卫。侍卫与旗缺有关，汉人出身自然会被外用，一、二等侍卫任用为参将或游击，三等侍卫任用为游击或都司，蓝翎侍卫任用为都司或守备。一等侍卫与参将同为正三品，与文进士状元只任命为从六品的翰林院修撰相比，看起来似乎优厚很多，但实际上武官的晋升非常缓慢，无法指望像文官那样飞黄腾达。

武科举从唐宋时期就已经实行，明代在宦官王直的建议下复兴，清朝继续采用。尽管文武官都标榜以科举录用人才，但实际上有着天壤之别。武进士中几乎没有出现过人才，朝廷也不会委以重任。不仅是朝廷，连社会也不尊重武进士。

（四）捐纳。这一制度基本与文官无异。

（五）行伍。也称"兵丁拔补"，指通过资历或军功，由兵卒晋升为武官。通过资历者，绿营兵丁任从九品额外外委或正九品把总外委，满洲的领催马甲任正七品城门吏，汉军的领催马甲任正七品城门吏或正六品骁骑校，满蒙八旗先锋、亲军、护军等任前锋校、亲军校、护军校等。凭借军功者没有特殊规定，不论八旗绿营或乡勇，凭借主将保举就可以获得与军功相当的官位。在太平天国运动爆发期间，大量立有战功的乡勇被保举为武官，晋升至提督、总兵等大官者也不在少数。在武官中，科举出身的武进士不受重视，而行伍出身，特别是立有军功者最受尊敬和信赖，这是文官和武官之间的必然差异。

第三章

近世中国社会与科举

社会阶级与科举

中国社会是否存在阶级，这在今天似乎不成为一个问题。因为无论在怎样的社会里，都无法想象不存在阶级，问题只在于阶级的形式而已。而且历史上所说的形式并不是静态的形式，必须是动态的、随着时代发展不断变化的形式。因此，当论及科举与中国社会阶级的关系时，首先需要将科举制形成前后的情况加以比较。

如果以五代为中心将时代分为前后，那么，唐代以前的中世是贵族政治的时代，宋代进入近世后是士大夫政治的时代。宋以后的士大夫政治一直延续到清朝末年，唐以前贵族政治的起源可以从西汉或东汉去寻找。西汉末年曾出现王莽篡位，王氏作为贵族与皇室通婚，获得外戚的身份，其家族地位逐渐向皇室靠拢。这种特殊地位得到认可后，产生了垄断政权的结果。从这一事件中，我们能够看到进入六朝后兴盛的贵族政治的萌芽。也就是说，婚姻具有使两家地位平等化的功能，同时又出现了父祖的政治地位由子孙完全继承的倾向，东汉及六朝隋唐的贵族政治实际就是在这两大原则之上形成的。

东汉光武帝吸取西汉末年外戚专横的教训，致力于抑制外戚的权力。但社会的大势无法改变，东汉中期以后，外戚轮番在朝堂上掌握权柄，这在历史上是清楚的事实。外戚的权势过于强盛，常常会遭到皇室或其他官僚的反击，以至于没有哪一家是善终的。相反，东汉一代却有因为不是外戚而始终兴盛的家族，那就是耿氏一门。其先祖耿况、耿弇父子在中兴时立有大功，此后直到东汉灭亡的建安年间，耿家出了大将军两人、将军九人、卿十三人、驸马三人、列侯十九人，中郎将、护羌校尉及刺史、二千石者上百人，堪称与汉家同兴同衰。如果根据史书中出现的名字做成谱系，则如下图所示（《后汉书·耿弇传》）。

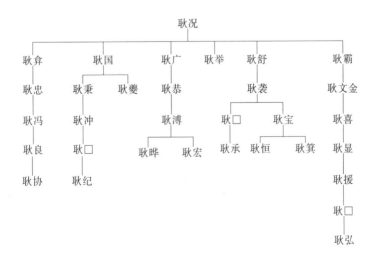

耿氏一门在占据政治优势的同时，还占据着社会优势。据记载，耿氏的先祖在西汉武帝时出任郡太守，是从本籍地巨鹿移居国都长安附近扶风茂陵的豪族。耿况在东汉中兴时担任上谷太守，管辖今天北京一带，他征发混有附近夷狄的骑兵并交给其子耿弇，奠定了光武帝霸业的基础。当时的产业以土地作为最大的资本，随着耿氏一门的兴盛，其私有土地和民众（部曲）的数量越来越大。汉末曹操掌握权力后，借耿纪阴谋暴露之机，遂将耿氏一族灭门，只有耿弘一人得以逃脱。

与曹操争霸失败的袁绍出身于四世三公的名门。辅佐蜀汉刘备的诸葛亮本人自不待言，背后还有着自西汉元帝诸葛丰以来代代两千石的门第。时值汉末分裂，三国都试图拉拢作为琅琊大族的诸葛氏，因此，诸葛亮出仕蜀汉，兄长诸葛瑾出仕孙吴，同族的诸葛诞出仕曹魏，各自出人头地。其中，曹魏的诸葛氏一直延续到东晋时期，成了江东显贵。

这些例子都是著名的，此外还有无数不见于史书的大小豪族分布在地方，经历了同样的命运沉浮。对于这些豪族而言，易姓革命等政治大变革是决定命运的动荡时期。这里需要注意的是，观察单个贵族会显得盛衰无常，但若进行宏观概括的观察，就会发现社会上层始终盘踞着夸耀门第、要求排他性特权的豪族群体。新的统治者有时对这些豪族加以压制，但即便个别贵族消亡，贵族制本身也是不可能根绝的。

曹操被他的对手袁绍骂作乞丐收养的暴发户，他的用人完全基于人物本位，拔擢奇才时不顾出身低贱，利用豪族而不被豪族所用，他的志向在死后通过九品官人法的设置得以制度化。该法规定，各州郡设立中正官，将地方的贤者评价为一至九品，推荐给朝廷等待拔擢。不难看出，这里的本意是防止当时偏重门阀的弊端，自由地任用人才，但是篡汉自立的曹魏从朝廷开始就已经贵族化了。因此，曹魏很快被晋篡夺，晋又因其贵族主义遭到五胡的入侵，被逐出中原后，保有江南的半壁江山而成了东晋。这一期间，九品官人法本身也贵族化了。中正官被贵族占领，这样的中正官所下达的品级自然被贵族意志所左右，所谓"上品无贱族，下品无高门"，六朝贵族制度的全盛时期到来了。

魏晋以后，易姓革命虽然采取篡夺的形式，但表面上仍是和平的主权授受，在革命之际起到了防止贵族整体动摇的效果。因此，名门贵族几乎与王朝更迭无关，作为超然的一门继续享受着荣耀。其中的代表就是王、谢二族。

晋代吕虔有一把佩刀，刀工见后预言，带此刀者可至三公。后来吕虔把刀送给王祥，王祥又让给弟弟王览，而王览的孙子王导就是晋朝中兴的元勋。直到十一世孙王褒，王氏在晋、宋、齐、梁、陈、北周各代地位显赫，见于史书列传的就有七十多人。谢氏在晋代是与王氏齐名的贵族，但见于史书列传的不过数代人。

北方游牧民族的入侵看似给贵族制度带来了巨大的威胁，但形势一旦稳定，游牧民族出身的王朝反而会被贵族制度同化，自身不断贵族化并最终走向衰落。游牧民族的入侵对北部中国的贵族制度起到了补充作用，相对于南朝贵族制，形成了北朝性质的贵族体制，并且一直延续到唐代。

在北方贵族制中，皇室对贵族群体加以保护和干涉，承认他们在政治上的特权的同时，确保皇室作为第一等贵族的优势地位。据沈括《梦溪笔谈》记载，北魏领有中原并统治贵族群体时，出现了八氏、十姓、三十六族、九十二姓。三世公称为"膏粱"，令仆称为"华腴"，尚书领户以上称为"甲姓"，九卿方伯称为"乙姓"，散骑常侍、大中大夫称为"丙姓"，吏部正员郎称为"丁姓"，甲姓到丁姓称为"四姓"。当时的贵族如同拥有世袭财产一般，对朝廷官位享有世代继承的权利。如果父亲是九卿，儿子有才能的话，最终也能成为九卿。但实际上朝廷的官位有限，贵族间围绕官位展开竞争，优胜者历经数代后就确立了家格，在贵族间拥有不可动摇的名望。这样的贵族群体尽可能相互团结并压制新人抬头，从而保障自家的特权。在朝廷看来，为了不动摇周边的贵族群体，必须公平地分配官位。所谓公平，就是斟酌各贵族的既得权力，给予他们适当的地位。执行这项任务的是地方的中正官和中央的吏部尚书，为了执行这一意义上的公平裁量，他们必须熟知各贵族的经历，所以必须自己也是名门贵族。在这样的因果循环下，贵族与政权保持接触，整个六朝时期都维持着排他的贵族制度。

隋朝到唐初的强势天子不满于尊崇门第的贵族制度，于是创立科举制度，自由选拔人才，从而摒除贵族制度排他性的弊病。唐皇室李氏自称陇西李氏，其家系有些可疑，实际可能出自并不有名的李氏。平定天下后，唐朝对于贵族群体的政策出现了两个相反的方向。其一是皇室自身的贵族化，甚至努力成为贵族群体中的第一等；其二是挑战贵族群体，意图形成新的体制。

贞观十二年（638年）时，太宗命高士廉等撰修《氏族志》，本来意图是以膏粱为右，寒畯为左，保护贵族的特权，但拿到撰修的结果一看，第一等竟是清河崔氏，皇室李氏只在第三姓。太宗大怒，下令按照当时的官位高低重新排名，崔氏被压制为第三姓。高宗时编写了其他姓氏录，将皇后武家加入第一等，五品以上的二百四十五姓二百八十七家分成了九等。虽然《贞观氏族志》被全部烧毁，但旧贵族无不对新等级抱有反感，将姓氏录视为勋格（土豪名单），以名列其中为耻。至此，唐皇室承认旧贵族既得权，试图加入其中并改变贵族等级排列的政策宣告破产，直到第十四代文宗时，依然发出"我家二百年天子，顾不如崔卢"的感叹。

贵族本是一家持续独占朝廷官位而产生的结果，但也会脱离官职而形成独立的社会地位，甚至以货币来评价他们的地位。社会地位在婚姻方面最成问题，当时的贱族向贵族求取婚姻时，必须赠送绢帛作为结纳，称为"陪门财"，甚至有"兄弟同坐时，座席高低由妻子门阀决定"的奇俗。这样的卖婚之风有几点值得注意，当时的名门贵族逐渐脱离政治权力，政治地位与社会地位分离，社会地位不再与经济实力相匹配，有名无实的贵族只能通过卖婚换取经济利益。六朝的贵族制度正在发展中，贵族是地方上的地主豪族，通过与政权的联合不断巩固地位，扩大自己的声望。后来，贵族与土地分离，成为寄食于中央政权的官僚，这样的贵族在易姓革命等政治变动中，一旦决策错误，就会立刻失去与政权的联系。有些贵族失去了两大基础支柱——土地占有和政治权力，只能维持表面的兴盛，唐代的旧贵族大多都是如此。

唐初，被旧贵族鄙视为"勋门"的新贵族在政权庇佑下积聚实力，他们逐渐披上贵族的外衣，开始受到世人的尊敬。六朝时期不为人知的名门，在进入唐代后各地都有出现，长安附近还有"城南韦杜，去天尺五"的谚语。但唐朝终究是贵族制衰退的时代，几乎没有理论依据的贵族制度伴随人类的进步必然难以维持，这是自然之理，现在只是时机到来而已。进入唐朝后，更合理的新阶级正在通过科举制度不断产生，他们将代替贵族接受世人的尊敬。

六朝贵族之所以受到世间的尊敬，唯一的理论依据就在于他们受过贵族家法的洗练，拥有平民所无法企及的教养（《资治通鉴》卷一三五）。但实际上，门阀和教养未必一致。隋唐以来兴盛的科举制度，尽管有很多值得辨析的缺点，但终究是一种选拔，通过选拔的进士有着高于一般人的素养。与只有自尊心的旧贵族相比，他们理所当然更应该受到世人的尊敬。

唐初也有"进士不出二监不为贵"的说法，"二监"是指东西两京的国学，能够入学的多数是贵族子弟。也就是说，初期的进士受到尊敬是建立在贵族制上的，后来的进士不问出身一概受到尊敬，再后来进士压倒了以前的贵族，旧贵族不成为进士就不能得到社会的认可。世人的尊敬不会基于空名，就算如此也不会长久。进士之贵是因为与政权的紧密联系，这里有必要重新回到唐皇室的贵族政策的问题。

　　加入旧贵族行列失败的唐皇室采取了第二种政策，那就是将科举制度发扬光大，树立一个与旧贵族截然对立的新贵族系统。也就是说，不是将旧贵族群体更换配置，而是以全新的材料塑造全新的贵族群体。皇室不需要加入新贵族群，只要作为超然的保护者即可。太宗皇帝看见新进士的队列，感叹"天下英雄入吾彀矣"。进士逐渐被朝廷重视，位极人臣者十之二三，登列显位者十之六七。玄宗朝的宰相约三十一人，其中进士出身有十一人；宪宗朝的宰相有二十五人，其中进士出身者达十五人。世人对科举趋之若鹜并没有不可思议之处。这时，也有人一早看清前途，从旧贵族行列转而投身新体制。范阳卢氏就是这样的例子，据称截至乾符二年（875年），卢氏一族共出了一百一十六名进士。薛元超则是落后潮流之人，晚年述说的毕生三恨中，最后悔的就是未能成为进士。

　　进士得到重用后，朝廷中围绕科举展开了大规模党争，即"牛李党争"。最早在宪宗朝，宰相李吉甫痛恨进士出身的牛僧孺和白衣的李宗闵等人讥讽时政，这种情绪延续到了李吉甫的儿子李德裕。李德裕是著名的文学家，他虽然不是进士出身，但作为宰相之子，凭借父亲的余荫获得官位，也就是所谓"任子"。李德裕痛恨进士和考官结党，穆宗初年担任翰林学士时，他攻击新进士李宗闵等人，使其无法留在朝廷。后来穆宗任用牛僧孺为宰相，又将李德裕排挤出朝廷。敬宗即位后挤走牛僧孺，文宗初年李德裕重返中央，但很快李宗闵担任宰相，李宗闵与牛僧孺联手将李德裕一党全部排除出朝廷。后来牛僧孺被罢免，李德裕被召回担任宰相，李宗闵也失了势。不久后，李宗闵重新任相，李德裕又遭罢免。就这样，伴随两党势力的更迭，内政和外交都成了党争的牺牲品。朝廷方针不断变更，始终没有形成固定的国策，以致文宗感慨道："去河北之贼易，去朝中朋党难。"文宗末年李宗闵被罢官，武宗继位后召回李德裕出任宰相。此后，李德裕长期把持政权，将牛僧孺和李宗闵贬为"牛李之党"，远谪以报旧怨。不久宣宗继位，因憎恨李德裕专权又将其罢免，李德裕几经贬谪后在崖州（即海南岛）病逝。两党的斗争实际延续了四十余年，每次政权交替都会撤换部下的官吏，对地方藩镇的态度也不彻底，最终埋下了天下大乱的祸根。

尽管李德裕憎恶并苛待进士出身者，但后来的形势愈发朝着有利于进士群体的方向发展。不过也留下了一个问题，那就是朝廷重用的进士其实只是科举应试者中的极小部分。每一百名考生中，及第者可能只有一人，剩下的九十九人都必须吞下落第的苦果。连续失败者陷入了失意的深渊，也就是"弃置复弃置，情如刀剑伤"的状态，多数人选择自暴自弃。他们对在中央政府的晋升之路感到绝望，选择到地方藩镇充当幕僚者不在少数。这些人对中央政府心怀不满，一旦参与藩镇的内政，藩镇的动向可想而知。

唐亡后进入五代乱世，天子和武将大多是夷狄出身的专制者，门阀旧贵族自不待言，对于进士出身的新贵族来说，也是最苦难的时代。后梁太祖朱全忠是盗贼出身，特别憎恶文人的浮薄，在他还没篡夺唐朝天下时，就曾经从朝廷抓捕三十多人，全部沉入黄河。此事的献议者正是科举落第者李振，理由是这些名士以清流自我标榜，那就把他们投进黄河的浊流里去喝泥水吧。

后梁迁都汴京，这对于旧唐贵族是最大的打击。进入唐代后，在中央政府有权势的门阀家族很少在地方上拥有大片土地，而是集中在都城长安附近。比起耕地，更多贵族将碾硙[1]等特殊权利作为经济基础。一旦都城迁移，长安衰落，他们就瞬间失去生活手段，经济上陷入困境。唐代盛行的卖婚进一步演变为变卖谱系，贵族为图衣食，不得不将他们唯一值得骄傲的谱系让渡给新崛起的武将和富豪。后唐著名武将郭崇韬就是一名买家，他自称是郭子仪的四世孙。

后梁灭亡后，后唐兴起，统治者出自沙陀族，却以李为姓，自称前朝唐皇室的继承人。这段时期唐朝贵族一度试图复兴贵族政治，该复古运动的提倡者正是自称郭子仪后人的郭崇韬。朝廷为任命宰相，四处找寻唐朝的公卿旧家，结果都已经衰亡殆尽。自称旧家者真假难辨，李氏皆称陇西李氏，刘氏皆称彭城刘氏。后来卢质、豆卢革、卢程等为朝廷所用，但他们因夸耀家世、蔑视武将而不受重用。郭崇韬甄别流品的贵族制复兴计划归于失败，结果反而招致武将们的背叛。

五代时期，除了旧唐贵族遭受打击，还引发了官位告牒的泛滥。早在唐朝末年，朝廷为激励军中将士，时常赏赐官位头衔代

---

[1] 碾硙：指利用水力推动的石磨。唐代贵族和寺院常常在领地上设置碾硙，用以脱谷和制粉，成为重要的财政来源。

替钱帛。后唐长兴（930—933年）以后，此风尤盛，从军中卒伍到州镇胥吏都有银青之阶。后晋之后更加泛滥，连优伶奴仆都被授予银青之阶。这样的官阶膨胀，足以将旧家拥有的位阶告牒一并化为不足挂齿的废纸。

科举在五代时期勉强延续，但进士地位极低，即便从进士晋升为宰相，也只是天子的书记官而已。冯道本身不是进士，但却是文学的保护者，也是当时士大夫阶层的代表。后晋高祖曾问他军务，冯道回答道："征伐大事，在圣心独断。臣书生，惟知谨守历代成规而已。"这样的人生态度帮助他历经四姓十君也没有丢掉宰相的地位。不过，这样的人并不止冯道一个，当时的文官与以天子为中心的武将是两个不同的系统，即便发生易姓革命，文官也很少参与，就像一群厚颜无耻的帮间①。

五代历经四十余年，终于迎来了宋的统一时代。社会形势比起唐朝时，已经发生了翻天覆地的变化，唐代的门阀世家已凋零殆尽。代郡刘氏的十二代祖刘环隽是北齐的中书侍郎，后代谱系直到宋初仁宗朝都历历可考，堪称一大另类。旧贵族的谱系已经没有任何实际作用，因而五代后更改祖传的姓氏也不再被视为大事。宋代著名的宰相文彦博原本姓敬，祖先为避讳后晋高祖石敬瑭的名讳，取"敬"字的偏旁"文"为姓，后代一直延续下来。当时人还认为复姓非常麻烦，遂将"司马"改成"马"、"诸葛"改成"葛"（《梁溪漫志》卷三）。宋代以后虽然也有谱系之学，但

---

① 帮间：指宴会上通过表演才艺来讨好主客和活跃气氛的艺人。

完全是知识性、礼仪性的，不像唐代以前带有感情性和排他性。郑樵的《通志·氏族略》中记载了只考虑氏族起源的纯学术性质的谱系，由此不难理解这一点。

宋太祖出身军阀，平定群雄后统一天下。他任用实干家出身的赵普为宰相，后来设立了"宰相须用读书人"的原则，重用前朝进士卢多逊。太祖驾崩后，其弟太宗继位，太宗罢黜卢多逊，重新起用赵普，但他的文治政策不逊于兄长，科举制也是在太宗以后走向兴盛的。太祖在位18年，进士及第者173人，平均每年9人；太宗在位27年，进士及第者1368人，平均每年多达50人。从太祖到太宗的皇位继承是一场小型革命，太宗的子孙代替太祖子孙获得了皇位继承权。太宗时代进士辈出，其数量远胜于太祖时代，这也意味着太宗的地位已经不可动摇。此后，太宗的儿子真宗在位25年，进士及第者1955人，平均每年78人。真宗之子仁宗在位41年，进士及第者4655人，平均每年113人，这段时间正是进士全盛的黄金时代。

太祖在科举的最后增设了殿试环节，这是科举制度的一大变革。唐初的科举由吏部主持，六朝到唐朝的官吏升降都由吏部掌握，吏部尚书的权力比宰相还重。隋代和唐初，事关官吏任用的科举仍由吏部掌握，但到玄宗开元年间，执掌科举的部门由吏部转为礼部。这当中包含着特定的意向，即缩小门阀色彩浓厚的贵族机关吏部的权限。但仅此还不能称作彻底的改革，因为进士及第的权力虽移交礼部，但官吏任免之权依然在吏部。吏部在任用官吏时，先要进行铨选考试，测试身、言、书、判：身是人品，言是言语，书是书法，判是解决法律问题。其中的身、言没有一定的评判标准，因此，出身卑贱的进士常常在吏部考试中受阻。就连韩愈这样的大文豪，也被吏部淘汰过三次，饱尝二十年布衣生活的艰辛。宋太祖在科举中加入殿试，科举的性质为之一变，玄宗缩小吏部权限的意图至此才算完全达成。

科举在宋代以前往往称为"贡举"，也就是选拔地方人才，贡给中央政府，由中央政府下令礼部举办考试加以严选。此时，科举的考官和考生有时暗中勾结，操纵考试成绩。开宝六年（973年），宋太祖在听说考官的取舍存在不公后，亲自举行殿试，此后，礼部贡举（省试）后由天子亲自进行殿试成为定制。

尽管殿试实际由特别任命的考官执行，天子只是做最后的决定，但以天子名义进行本身就具有重大的影响。殿试及第的进士是天子钦定，成绩优秀者还有天子的担保。近世中国的政治特征就是天子专制权力的确立，面对由天子证明具备官吏资格的进士，吏部再次进行考试也就失去了意义。因此，宋代以后的吏部铨试流于形式。对于进士来说，及第成绩不仅关系到职位的分配[1]，在未来官位升迁的快慢上，进士及第的成绩也是陪伴一生、决定命运的因素。

唐代中期以后，进士受到世间的欢迎，坐拥权势者争相将未来的进士招入自己家中，朝廷大臣争着充当科举考官，这不仅是

---

[1] 此句原书中为"及第成绩仅仅关系到职位的分配"，与上下文意思正好相反。原书此处可能存在脱文，翻译时根据上下文意补正。

荣誉，更是通过评分合格与新进士结成一辈子的师生关系。进士及第者将考官称为"座主"，自己称为"门生"，一生之中，座主庇佑门生，门生支持座主。与考试无关的朝廷显贵也希望与新进士结成私交，将进士高第者招纳为婿。科举结束后召开的曲江宴也招待朝官，权贵大臣将此视作择婿的好机会。在著名戏曲《琵琶记》中，东汉文人蔡邕将妻子留在故乡，自己来到都城参加科举，中了状元后被宰相牛僧孺看重，皇帝下旨让蔡邕成为牛僧孺的女婿。东汉蔡邕和唐代牛僧孺见面显然是时代错误，但总体来说，这是一部反映唐代以来尊重进士风气的戏曲。与唐代以前贵族卖婚的风气相比，时代已经发生了一百八十度的大转变。

六朝隋唐的贵族制度消亡殆尽，宋代以后兴起的科举具有新时代的意味。唐代的科举往往被视作对走向颓废的旧贵族制度的补救，但宋代以后的科举完全没有这样的倾向，而是一项附属天子的制度，衍生出辅助天子行使专制权力、供其驱使的忠实臣僚。唐代以前的贵族大家族制在五代时期崩溃，因科举崛起的小贵族辈出。我将他们命名为"新小贵族"，与唐代以前的贵族加以区分。唐代以前的贵族以血统门阀自矜，不一定都是读书人，但宋代以后的士大夫最低限度必须参加科举、从事学问，是水平更高的知识阶层。唐代以前的贵族拥有大家族，或是在故乡有着大片土地，或是在国都附近享受利权，宗族通常集中居住。宋代以后的士大夫选择合适的地方分为几个小家族，各自购买田产定居。特别是宋代士大夫成为地方官后，选定辞官后居住的土地，称为"寄居"。他们很少回归本籍，在国都附近拥有别庄更被视为奢侈。因此，宋代士大夫的家族打破了维持至今的宗族聚居的传统，出现了连近亲都散住在地方的倾向。宋初越州会稽县裘氏十九世二百四十六年亲戚都住在同一村中，维持着自古以来的宗族制度。这样的族制之所以得以维持，其实是因为一族中没有出过一名士大夫。正如选拔士大夫的科举制度重视个人才能一样，近世的士大夫在任官以后依然单独行动，自古以来的宗族走向分裂。

在这样的形势下，出现了身为士大夫却有意识维持古代宗族制度的倾向，宋初的范仲淹就是其中一例。范仲淹是鼎鼎大名的宋臣，他在理财方面也很有见地。范仲淹出身贫贱，将宗族聚集在故乡，亲自购买义田作为宗族的共有财产，据说范氏子孙今天依然在以义田为中心的苏州城内聚族而居。此外，家谱和氏谱的修纂变得流行起来，但不容忽视的是，这不同于中世时带有感情性和排他性，而是带有人工性、好奇性、规划性的一面。进入近世后，为了维持宗族的聚居生活，必须进行这类人为的探索，这一点与自然无意识中形成大家族的唐代以前的贵族制依然是不同的。毕竟由唐入宋之际，家庭制度也由贵族性质转变为士大夫性质。

科举虽检验个人才能，但面对激烈的竞争也必须做好准备，这些准备很大程度将影响科举的结果。毕竟，赤贫之人是无法参加科举的，应试者必须是经济上有条件为考试做准备的阶层。因此，科举虽不像六朝的九品官人法那样门户狭小，但大门也只对富裕者敞开。宋代以后，世人目睹进士置业的有利条件，争相进入科举之门，工农商贾之家纷纷抛弃本业成为读书人。应试科举是一代人的事业，于是有了"举业"，也就是"科举置业"的说法。至此，中国社会俨然出现了分裂为两个阶层的倾向。富裕之家多出进士，在不断接触政权的过程中获得庇护，因此愈发富裕；富裕子弟在求学上享有便利，因此得以进士辈出。相反，贫困之家始终贫困，在政治上没有发言权，也没有改善地位的机会，不得不永久沉沦于社会的底层。他们失去了从政府直接获得庇护的希望，多数转投士大夫地主的门下成为佃户，希望由此得到生活上的保障。

宋代以后，每逢王朝更迭的混乱时期，社会阶层也会陷入混乱，这时往往出现出身贫寒却登顶社会上层的成功人士，他们通常会变成士大夫。从一个个家族来看，他们各有盛衰兴亡，但从宏观来看，士大夫阶层本身几乎毫无变化地延续到了清朝末年。中间金、元入侵中原也没有带来破坏，清朝更是自诩为士大夫阶层的保护者。

如此看来，近世的士大夫终究是一种贵族，他们与之前的贵族一样自诩清流，将科举以外的出身轻视为浊流。为了使没有应试科举能力的高官子弟不致丢失任官的机会，唐代以来的任子制度依然得以维持，有时甚至出现泛滥。对于共同厌恶的胥吏衙役和其他特殊贱民，他们设立了剥夺其应试科举资格的法律。就这样，近世末期的中国社会与儒学原有的理想、科举制原来的目的背道而驰，截然分裂成士大夫和庶民、统治者和被统治者、知识阶层和非知识阶层、地主和农民等对立阶层，甚至有学者认为中国不存在中间阶层。

科举为贫士设

唐代的进士受到世间尊敬，但高官子弟的任子门阀将进士轻视为暴发户。高官子弟可以通过任子制度直接任官，由此产生了不应参加科举争功，以免阻碍贫困士子前途的奇特想法。这样的想法延续到宋代，吕希哲是吕公著之子，从学于王安石。王安石对他说："凡士未官而事科举者，为贫也。有官矣而复事科举，是侥幸富贵利达而已。学者不由也。"吕希哲大为感动，于是放弃准备科举，一心钻研古学。（《名臣言行后录》卷八）王安石对反对党的杨龟山也曾说过："夫应举，亦自寒士无禄，不得已借此进身耳。"（《名臣言行后录》卷十一"范纯仁"条）

官僚生活与科举

在考生看来，科举是出仕朝廷的最大门槛。科举的目标是出仕，因此，论及科举就不能无视官僚生活。

宋代以后的官僚相对天子地位很低。中世的贵族借助与天子家族通婚而获得几乎可以与皇室比肩的地位，这也是当时屡屡出现外戚篡权的原因。进入科举时代后，天子的地位极高，政治专权得以确立。只有天子的家族能够既继承财产又继承政治地位，官僚只认可私有财产的继承，而要在政治上得势就必须从科举的入门学生做起。宋代实行殿试后，进士都成了天子门生，也就是说，进士作为个人，才能通过了天子的考查，被授予了任用为官吏的资格，出仕后为报答隆恩，必须恪尽职守。宋代以后，中世的篡位从历史上消失了，王朝灭亡时，进士中有很多为国殉节的忠臣。文天祥是殿试中天子钦点的状元，受到拔擢后感激圣恩，宋末试图挽狂澜于既倒。"辛苦遭逢起一经"，从学习经书、志向科举之日起，他就必须做好与王朝命运共存亡的准备。

北宋初期是进士出身者的黄金时代，殿试高第者的官位晋升速度极快。宋初的宰相王溥二十六岁时在后汉状元及第，三十二岁时在后周任宰相，宋初继续担任宰相，三十六岁时加司空，在一品的位置上被罢相时才四十二岁。但这属于特例，宋初的惯例是，前五名进士及第者经过考试享有补为馆职的特权。宋初制度中，官吏的头衔分为官、职和差遣，官袭用《唐六典》的制度，仅作为表示官位和俸禄的符号，实际的任务通过临时事务处理，也就是差遣来表示。举例来说，就任中书舍人并不负责起草诏敕，只有被授予判吏部的差遣时，才能够代行吏部长官的职权。因此，当时的官吏升降分为官的升降和差遣的升降，人们对官的晋升并不关心，追求的是差遣的晋升。宰相就任的同平章事和副宰相就任的参知政事都是差遣的一种，必须从差遣的系统晋升而来。与此相反，只要年限到了，官自然会上升，但相关的俸禄很少，对于朝士没有吸引力。差遣一旦带上职，晋升就会非常迅速。职是以文章学问作为任务的一种差遣，宫中设有昭文馆、史馆、集贤院、秘阁等馆阁，附有修撰、直馆、校理等专任官职和兼任朝廷清要官的贴职。进士高科便有就任馆职的机会，一旦就任馆职，以后的差遣就会水涨船高。特别是进士第一名的状元，有人不到十年就当到宰相，当时有谚语"状元试三场，一生吃不尽"。也就是说，状元只答了解试、省试、殿试三场考试，就一生不用为温饱而发愁。王安石是第四名及第，有机会补任馆职，但他没有申请参加考试，朝廷来催促时，王安石依然推辞。他觉得自己家里亲眷众多，比起中央政府的小官，更希望就任收入多的地方官。朝廷大臣生怕他错失了大好的晋升机会，于是不经考试就授予他集贤校理的馆职，但王安石坚决不受。后来定官为祠部员外郎，差遣为度支判官，诏授直集贤院的贴职，王安石推辞不得，只好接受。

带职者都是有学力的文人，下一个阶段是知制诰，然后是翰林学士。知制诰是宰相的书记官，翰林学士是天子直属的书记官，前者称"外制"，后者称"内制"，合称"两制"。知制诰虽然身份较低，但将来可能成为宰相，一人成为知制诰，是值得六姻（全体亲戚）相庆的大喜事。从知制诰到翰林学士，再到其首班学士承旨，下面就是副宰相的参知政事。如果其间运作巧妙，十几年就能从馆职晋升宰相。

从太宗太平兴国年间（976—984年）到仁宗天圣八年（1030年），共有二十三场科举，其间从进士中拔擢委以重任的有吕蒙正等二十七人。不过，科举之年的进士也有优劣和大小年之分，天圣五年（1027年）的进士最优秀，第一名王尧臣、第二名韩琦、第三名赵概都成了宰相。咸平五年（1002年）的进士及第者只有三十八人，但其中也有不少名士。成为宰相的除了状元王曾，还有王随、章得象，另外参知政事韩亿、侍读学士李仲容、御史中丞王臻、知制诰陈仲微等都是当时的名士。

北宋中叶以后，开始出现进士过剩。仁宗景祐元年（1034年）到英宗治平三年（1063年）的三十年多间，有十二场科举，但其中的进士几乎没有成为宰相的。旧进士已经堆积如山，新进士又源源不断，朝廷无法一一授予官职，新进士的晋升之途受到了阻塞。以此为背景，宋代出现了著名的党争。

官多人少的宋初也有围绕科举的党争，其间有各种各样的缘由，但表面上主要表现为中国南北方因民情风俗各异而引发的相互反感。宋继承后周的版图领有华北，平定南方各国后统一中国全境，北方士人根深蒂固地将南方视为殖民地般的低劣地方。然而，科举的大门对于南北是平等开放的，南方人不断通过科举进入仕途。南部中国以被宋朝灭亡的南唐故土为中心，从五代时期就发展出具有特色的文化，民众的知识程度相比北方更胜一筹。特别是南人长于计数，尊崇自由，有着进步的思想，伴随宋代政治中财政地位的上升，南方人常常占据朝廷的枢要位置。真宗时代，最著名的就是以寇准为代表的北方派官僚和以丁谓为代表的南方派的党争。真宗经常在选择状元时加以留意，赐予及第前先招三四名候补者到崇政殿亲自考察，神形磊落者定为状元。大中祥符八年（1015年）科举之际，南方新喻人萧贯和北方胶水人蔡齐列为候补，天子想将仪貌秀伟的萧贯定为状元，但在宰相寇准的劝说下，把蔡齐定为第一。寇准非常得意，退出时对周围人说，自己终于为中原争回了一名状元。寇准还有一句口头禅，那就是

"南方下国人，不宜冠多士"。

尽管有寇准的阻挠，但南方人进入官场的趋势非常显著。仁宗时代有著名政治家范仲淹和欧阳修，经过英宗到神宗时代又出了王安石，而反对王安石的保守旧法党政治家司马光、吕公著等都是北方人。不难看出，新旧党争不只是政治意见的不同，背后有意无意还存在地方性的情感，而将党派矛盾激化到不可收拾地步的，正是进士群体过剩的问题。无名小政客都各自依附党派，为求得地位晋升而相互排挤。

新旧党争出现后，地域性党派演变为时代性党派，新法时代成为进士的官僚大多拥护新法，奉行王安石之学。元祐年间（1086—1094年），旧法党掌握政权，以旧法的学说影响科举，但旧法党的学说未能统一，有程氏之学、苏氏之学、刘氏之学等，这也是旧法党后来发生分裂的根源。当新法党时代成为进士的少壮政治家成为政坛中坚后，旧法党不得不全面退出舞台。徽宗时代，旧法党一度重新抬头，但再次遭到打压，这说明元祐年间的科举没有提供足够的进士人数。然而，政治势力一旦出现便不会就此根绝。北宋灭亡导致政治混乱，旧法分子趁政坛上层崩溃之际，将国家灭亡的责任推给了新法。南宋以后，旧法一系的学说被承认为儒学正统。

以上围绕党争和科举的关系，以宋代为例做了特别详细的说明。我们不妨认为，宋代提供了围绕科举的党争的典型例证，此后历代这样的问题或多或少都会隐含在党争的深层。

　　除了党争，官场风气和科举的关系还有一个值得考察的问题。中世的九品官人法与近世科举间有着巨大的差异，那就是九品官人法是他荐，而科举制度是自荐。也就是说，尽管中世的选举法内部包含着众多请托和惊人的贿赂，但表面上还是采取中正官从旁推荐人才的他荐方式。近世的科举则是出于应试者的意愿，因此是采用自我推荐的办法。当然，正如贡举之名所示，它还保留着地方官向中央政府贡献人才的形式，但终究只是名义而已。《皇宋事宝类苑》卷五七记载了宋初张咏作为知益州主持李畋等三人解试的事。参加州解试者首先要到州衙门向承引司通报自己的姓氏，写下桑梓状，桑梓状相当于后来父祖三代的名历。胥吏收下后引导到客次，应试者提交以前创作的文章书卷和启状一份。知州身着礼服到厅中看启状，参阅赟业，然后派人传话："大体已经看过，但还未经过公开考试，希望今后拜会。"接着任命考官，监试官由知州亲自担任。考试前一天理应检查桑梓状，但一般不执行，应试者被引入厅内，以客礼相待。考试当天，如果知州亲自担任监试官，则将印绶委托通判，自己在考场中切断与外界的联系。如果有重大的突发事件，只能由通判前来报告。考试分为赋、诗、论三题，监试官认为考官的问题不恰当时，可以临时修正。张咏本来的题目是"赋题上善如水赋，诗题秋风生桂枝诗，论题禹稷之功论"，后来改成"诗题朝日莲诗，论题文行犷先论"。李畋和门生二人都得了及第的分数，知州以下群僚赠送三秀才应举诗，开设鹿鸣宴后将他们送往中央。宋初还残留中世贵族时代的风气，尽管考生是自愿应试，但知州仍要待之以客礼，后世待遇之礼不断浅薄，甚至于对待士子如同盗贼一般。因为考生站在自荐的立场上，在考官看来，他们都是为了荣华富贵而奔走，对待他们的礼数难免疏陋。早在唐朝，卢肇赶赴科举时曾被前辈问起故乡，当他回答是袁州人时，前辈们嘲笑道："袁州也出举人吗？"卢肇回答："袁州出举人，亦犹沅江出龟甲九肋者，盖稀矣。"（《摭言》）

其实，考生还有其他受到轻视的原因，那就是考试制度必然产生的弊端——不正当手段的流行。唐代时候已经出现考官和考生勾结、权势大臣干涉科举等问题，宋代以后愈发严重，朝廷为防止弊害，常常采取特殊举措，但考生仍会创造出更加高明的手段作弊。严防考生不正当手段的方法到宋代已经达到极致，包括考官的任命、考试日期的确定、答卷的处理方式等细则。

唐代贡举的考官起初是吏部考功员外郎，开元二十四年（736年）后，改由礼部侍郎掌管。此后，礼部侍郎比宰相权力更大，产生了举子事先勾结礼部侍郎的弊端。唐末五代，临时任命知贡举主持省试，宋代受任者需立即进入贡院，与外界切断联系以防止请托，称为"锁院"。殿试原本以天子亲试为原则，通常先设立初考官、覆考官和详定官，令其慎重审阅答卷，评出等第后上报，天子再命侍臣（读卷官）阅读答卷，在他们建议下做出最终决定。殿试的题目由天子亲自选定，宋仁宗尤为慎重，他担心住在近畿的大臣泄露题目，有时会临时更改问题（《曲洧旧闻》）。宋初各州举行的解试多用本州官僚担任考官，后来从转运使中选任，通常是由州的通判担任监试。由于出现了向通判等州官请托的弊端，南宋乾道六年（1170年）后，邻近州交换考官主持考试。明清以后，州试之上加入了乡试，其考官由中央临时任命（《建炎以来朝野杂记》甲一三）。

宋初各州的解试日期尚未统一，导致考生可以在邻近三地落籍，多次参加考试。因此南宋绍兴年间（1131—1162年），朝廷下令各州于省试前一年的八月初五锁院，十五日举行考试，士子不得在两处参加考试（《寓简》一，《建炎以来朝野杂记》甲一三）。

考场中交换试卷和翻阅参考书经常成为问题。唐代贡举的规定比较宽松，允许点蜡烛彻夜答题，翻阅参考书也是允许的，原则上三鼓之内必须交卷，但实际上并没有严格执行（《春明退朝录》《鹤林玉露》卷四）。整晚在考场点蜡烛奋笔很容易滋生弊端，所以从宋代起要求必须在白天完成答题，带参考书即怀挟遭到禁止，但实际执行到什么程度不得而知。

提交答卷后，为了防止考官进行加工，宋代开始就有了让考官不知道答题者是谁的方法，那就是真宗景德年间（1004—1007年）创始的糊名誊录法。糊名是将答卷开头的姓名部分封糊，使读者不知道是谁的答卷。但这样仍可以通过字迹判断，于是又命书记官将答案全部誊写，考官只能看到答卷的抄本而看不到原卷。不过，殿试是不实行誊录的。宋初誊录只在省试实行，后来开封府的解试也开始誊录，后来甚至推广到地方上的乡试（《名臣言行录·韩琦》）。殿试的答卷实行糊名，首先由初考官过目确定等第，封弥等第后送给覆考官，覆考官根据自己的意见再次确定等第后，交给详定官。详定官参照两者的等第，如果一致则直接采用，不同则采用其中一方。王安石出任详定官时，曾根据自己的意见重新确定第一名（《梦溪笔谈》）。另外，殿试自仁宗嘉祐二年（1057年）后就没有落第者，只保留了评判等第的习惯。这是因为殿试由天子亲试，落第会损伤天子对士子们的恩情。

尽管有如此严密的防范对策，却依然无法阻止举子们的谋划，特别是打通考官和考生关节的弊端。宋代元祐年间（1086—1094年），苏东坡知贡举主持省试时，曾暗中给李方叔送去书信告知试题，恰巧李方叔不在，使者放在桌上就走了。正好与苏东坡敌对的章持、章援兄弟到来，偷看后得知是东坡的作文《扬雄优于刘向论》，两人惊喜地将书信拿走。后来省试中出现了这道题，两人就模仿东坡的作文写成答案交了上去。东坡审阅答卷后与同僚打开糊名查看，以为第一名肯定是李方叔，结果却是敌党的章惇之子章援。直到第十名，东坡心想这下该是李方叔了，结果却是章持。东坡大惊失色，李方叔最终落第，他的母亲感叹道："苏东坡知贡举时都不能及第，哪还有什么希望呢？"于是郁郁而终（《鹤林玉露》卷五）。

考官与考生暗中勾通的方法还有很多。南宋孝宗淳熙年间（1174—1189年），汪应辰为知贡举，他事先和认识的考生约定，在答案的开头使用三古字（《鹤林玉露》卷一四）。还有蜀人何耕在州试答案中插入"是何道也夫"一句，何耕的字就是道夫。此事纯属偶然，好在答卷优秀，本身也是第一名通过，蜀人并没有因此而谴责何耕。这要是换作闽浙等风气堪忧的地方，恐怕会发展成诉讼事件吧（《老学庵笔记》卷三）。

在天子看来，科举考生不过是求职者。自太宗太平兴国二年

（977年），宋代天子就有在闻喜宴上与新进士一同赋诗的习惯，仁宗的赐诗中有这样一句"寒儒奉景运，报国合如何"，意思是尔等出身贫寒，既然把你们提拔为进士，就要尽忠职守报答国家。对新进士给予隆重的礼仪和优渥的恩典，可以说是对求职者的怀柔政策，而进士一方也热心于获得这样的优待。

依据宋代的惯例，省试第一名通常能在殿试中进入前三名。如果唱名时从状元到第三名都没有自己的名字，省试第一名拥有抗声自陈的权利，也就是大声提出异议，直接向天子要求将自己加入前三名之中。欧阳修在国子监解试中两回第一，省试中也是第一名，在殿试时抗声自陈获得了第三名。范镇虽然是省试第一名，但殿廷唱名到第三人时却没有自陈，左右反复提醒也没有动静，直接到第七十九名才出现自己的名字，于是出列谢恩，这一举动被世人称赞为"安恬"（《名臣言行录》卷五）。

宋初的殿试推崇快速写成答案，最早提交答案的通常赐予第一名及第。太宗时，孙何、李庶机两人都在科场闻名，但李庶机文思敏捷，孙何下笔较慢。恰巧科举前有人上书论及当代举子浮薄，作文不求义理而推崇速成，如李庶机等人约举子到饼屋作赋，赌一饼未熟前做一韵者获胜。太宗大怒，当年的殿试李庶机就因最早提交答案而落第，成文慢的孙何获赐状元及第。

科举已经成为求职的第一步，对落第者的打击是非常沉重的。从唐代开始，落第秀才的处置就成了问题，唐末藩镇中也有他们密谋的影子。随着科举制度的兴盛，宋代落第者的失业问题变得严重起来。唐代已经有"应试进士者百人，及第者一二"的说法，进士的数量通常在三十人左右，应聘者两三千人，此外还有明经科，十人里就有一两个及第，可以起到缓解考试地狱的作用。宋代废除明经，进士一家独大，为了应试三年一度的科举，六七千举子在京师待命，其中及第者至多三四百人。景德四年（1007年），应贡举的举人数量达到了一万三千余人，其中能够参加殿试的不过十分之一，落第者的数量则超过一万人（《长编》卷六七之一五）。出身贫困却又抱着万分之一侥幸从事举业的人，如今改变职业也来不及了，有气概的人流落到国境附近等待机会。仁宗治世中，西夏李元昊就将这些心怀不满的读书人录用为谋士。有一个叫张元昊的人，自恃才高却屡次科举落第，于是出走边疆，要求会见正率兵讨伐西夏的范仲淹和韩琦，希望能够建立奇功。正当范、韩二人踌躇不定时，张元昊已经投靠西夏，成了李元昊的幕僚，后来令北宋饱受其苦。熙宁年间（1068—1077年），南方发生交阯（交趾）入侵的事件，据说这是当时的岭南举士徐百祥因多次科举失败而自暴自弃，交阯王给他送去文书约为内应，于是招来了交阯的兵祸（《涑水纪闻》）。南宋初年有一名士人，恐怕是落第秀才，伪造了宰相秦桧的信件，希望与扬州知州见面，秦桧听说后，立刻招来此人给予官职。秦桧的理由是，此人敢于伪造信件，必是胆大之徒，如果放任不管，怕是会走进北方胡地或南方越地。这样的人投靠敌国最是棘手，不如用官职束缚他。时人评论，秦桧的做法远比范仲淹、韩琦得要领（《清夜录》）。

　　由落第秀才引发的社会不安在进入明清后有增无减，这里无法一一列举。清朝末期几乎从根本上动摇清朝社稷的太平天国首领洪秀全就是科举失败的读书人，只要想到这里就足够了。

劝学文

上到天子，中到有司，下至举子，都不得不公开承认科举是荣华富贵的捷径。《古文真宝》前集卷首载有宋朝真宗皇帝的劝学文，完全就是以利禄劝学的露骨之作。

> 富家不用买良田，书中自有千钟粟。
> 安居不用架高堂，书中自有黄金屋。
> 出门无车毋须恨，书中有马多如簇。
> 娶妻无媒毋须恨，书中有女颜如玉。
> 男儿欲遂平生志，勤向窗前读六经。

经书就像魔法棒一样，良田、高堂、仆从和美女都能从中而来。考官对待举士如同一介乞丐，甚至如同盗贼。朱子有言："今日学校科举不成法。上之人分明以贼盗遇士，士亦分明以盗贼自处，动不动便鼓噪作闹，以相迫胁，非盗贼而何？"（《朱子语类》卷一〇九）因此，近世中国的"读书"一词始终带有功利的铜臭味，距离纯粹的求道精进非常遥远。宋代晁冲之吟诗道：

> 老去功名意转疏，独骑瘦马驱长途。
> 孤村到晓犹灯火，知有人家夜读书。

一名燃尽青云之志读书却不能得志的老人，在田间看到了后生们彻夜苦读的情景。老人哀怜他们的志向，但没有钦佩和赞扬之情。

科举与学问

三国到六朝实行九品官人法，其初衷是不问阀阅地录用人才，将东汉末年出现的民间人物月旦评的权力收归官有并制度化。由中正推举的人自然是学问见识优秀、品行节操胜过众人的杰出人才。然而，这一制度的运作逐渐被门阀贵族掌握，人品由门第高下决定，不学无术的纨绔子弟也能凭借父祖的庇佑获得推荐，登上高位，因此产生了"尸位素餐"的恶评。

科举正是为纠正这一弊害而诞生的新制度。在唐代兴盛的科举中，无论是经学为主的明经，还是诗赋为主的进士，抑或是分成各种专业的诸科，可以说及第与否都是由学业深浅决定的。即便执麈尾长于贵族式的应对，或是夸耀自家门第却目不识丁的无学之徒，都无权参加科举。尽管产生了种种弊端，但科举确实促进了广义上的学问兴盛，推动了知识发展。科举与学问之间有着密切的关系，有时科举引导学问，有时学问又影响科举。

唐代的科举有两大宗，即明经和进士。明经起初绝不是后世那样单纯考验背诵，主要问及经书的大义。但经书的解释会有流派，既然将经的正文作为试题，如果不明示依据哪一种注解就不公平。唐太宗下令撰写《五经正义》作为经书解释的标准，就是为了满足这样的要求。孔颖达等人作疏本身就有重要意义，同时还从原有的各种注中选出一种作为标准，这一点值得注意。此时选定的标准是：《诗》是郑玄笺，《书》是伪孔传，《易》是王弼、韩康伯注，《礼记》是郑玄注，《左传》是杜预注。经注和正文的关系一旦固定，以后科举的经学必然蜕变为记诵之学，对应的考试方法也只能采用帖经了。

帖经是从经书正文或注解中，用纸贴去任意三个字，展示该行或前后共三行，要求答出隐藏的文字。如果是这样，那就不需要背诵疏了。众所周知，疏原本是单行的，脱离经注单独成卷。可能疏是穷尽经学奥秘的博士才需要掌握的，读者并不十分广泛，而且正如所有学问共通的那样，解释学集大成的时候就是解释学不再需要的时候，因此，经书的疏在它诞生的唐初就已经失去了作为学问的生命力。此时崭露头角的，其实是诗赋文章之学。

唐代科举的排列，第一是秀才，第二是明经，第三是进士。秀才科源于六朝，隋代兴盛延续至唐初。秀才考试策论，所以难度最大，隋朝一代的及第者也不超过十人。由于难度太大，逐渐就没了考生，即便有考生，多数也是落第，这一科自然就废止了。第二的明经在唐初是科举的正统，应试者和及第者都是最多的，但随着纯粹帖经的方法的推广，愈发不受世人尊敬。这时，名列第三的进士科终于引起了世人的注意。

进士科以诗赋为主，自古以来中国文学的特点是重博学而非创造，诗赋中必须堆砌典故熟语，才能获得考官的认同。诗赋创作最重要的是博学广识，于是诗赋的预备学问流行了起来。博学从某个层面说就是杂学，但过于驳杂容易头脑混乱，因此，学者们将驳杂的碎片知识加以分类，试图在脑海中构造一个卡片盒子进行整理，其结果就是类书的诞生。

唐初欧阳询的《艺文类聚》依然搜集长文，收录《文选》等总集，只不过是按照百科全书式的类别排列。中唐徐坚等人的《初学记》搜集很多词语做成对仗，方便检索和背诵。到白乐天的《白氏六帖》愈发堆积短语，极少注明出典，分类变得极其细密。这反映了有唐一代的文章学趋势，时人感叹文士越来越流于浮华也正是因为这一点。然而，文学毕竟不是严格意义的学问，重点在于创作，被称作浮华也是没有办法的。同时，脱离古典的束缚，仅借用古人的典故成句，这一趋势为新文学的建设指明了方向。或者说，它正是朝着文学正道不断演进的结果。无论如何，唐代文学界到晚唐愈发光彩璀璨是不争的事实，文士不一定总是朝着学者希望的方向发展。

进士科虽然以诗赋为主，但诗赋之外还考察策论或杂文等。宋代以后，废明经而独尊进士，但宋代的进士科特别重视策问。这是因为宋朝在太祖时增加殿试作为科举的最后阶段，殿试最初考试诗、赋、论三题。神宗熙宁三年（1070年），当时知贡举的吕公著在贡院上奏，请求殿试时考试策问，此后殿试的成绩由对策决定。此外，明经名义上被废除，但宋初仍存在俗称"学究"的科目，尽管重要性不足挂齿，但后来经学考试变形融入了进士科，也就是所谓的"经义"。至此形成了进士科的必修项目，即诗赋、经义、策论三学，此后经历元、明、清三代都没有变化。宋代以后的进士虽然名为进士，但实际上兼有唐初的秀才、明经、进士三科，特别是从最后进士及第的成绩与对策挂钩这一点来看，不如说和隋唐时期的秀才更为接近。

宋初考进士的试题包括诗、赋、杂文各一篇，策五道，帖经十条，墨义十条。墨义与口义相对，口义是口头提问，墨义则是笔头作答，问的都是经书的义理。比如出题"作者七人"，考生就要列举出七人的名字。到太宗初期，进士考试的科目定为诗、赋、论三题。论与墨义接近，但答案不是简单的列举知识，而是加入自己的见解，写成规范的议论文。真宗景德二年（1005年），进士科省试的论题是"当仁不让师"，有个叫贾边的考生认为"不让师"有违弟子之道，于是把"师"解释成"聚"来立论。此事成了朝中的话题，贾边的论违背注疏，尽管文采出众也还是落第了。这个故事反映了当时儒学的趋势，抛弃注疏，从自由的立场出发，尝试给经书全新解释的风气开始流行。不过，论题不一定出自经典的正文，反而从子、史中出题更多，比如"三杰佐汉孰优""四科取士何先"等问题。与之相反，经义的出题范围仅限于经书，从经书正文中出题，根据经文进行解释并立论。经义成为进士独立考试科目是在神宗熙宁二年（1069年），但此前已经以论的形式进行事实上的经义考试了。

　　加入进士科的经义不是考帖经，而是经的大义，这就不是记诵之学，而是理解之学了。记诵容易陷入模仿，理解才能产生独创。有人说经学的注疏是模仿了佛教经典的形式，但随着佛教逐渐浸润中国思想界，士人不仅模仿佛教的外形，还采纳佛教的教学体系，兴起了给儒学也建立思想体系的运动。这一趋势在唐末已经萌芽，到宋初以"谈经"的名义大为流行。

　　儒学的原始形态是伦理学而非政治学，但汉代儒学被立为官学，政治学色彩变得浓烈起来。宋学站在更高层次上将儒学中的政治学和伦理学加以整合，赋予儒学以哲学依据，因此，有必要将政治学还原到伦理学，再将伦理学进行哲学化。从政治学到伦理学的还原就是一场复古运动，事实上宋学确实完成了一部分的任务。比如，《论语》中有"朝闻道，夕死可矣"一句，在将儒学作为政治学的汉唐古注中，孔子被视为政治家，因此这句话就被解释为"早上听说大道施行于天下，晚上即便死去也不可惜"；但在将儒学视作伦理学的宋学集大成者朱子的注里，孔子被视为求道者，因此这句话解释为"早上听到真理，晚上即便死去也满足了"。即便从单纯学问的角度，也应当遵从朱注的观点。

进士科中经义的重要性，其实是思想界趋势和学问进步影响科举制度的一种反映。此外，科举中除了时务策，还考察论，这正是新学产生的原因。宋代仁宗时期，湖州安定先生胡瑗在州学设置经义斋和治事斋，他在经义斋中教授诸生儒家经书的新解义，在治事斋中讲授时务。于是，门人中登第者辈出，俨然成了科举的一大预备学校。后来朝廷扩充太学，胡瑗被招为国子直讲，湖州的学风转移到了国都，当时的科举及第者近一半都是他的弟子。同一时期，太学中的孙明复（孙复）和石守道（石介）都是宋学的先驱，孙明复著有《春秋尊王发微》，对经书的新解释堪称第一。

当时这些学者的保护者可能是宰相贾昌朝，他跟从大儒孙奭学习旧学，跟从王轸学习新学。孙奭是完成《孟子疏》的名人，实际也是最后的训诂学儒者；王轸的经历不太清楚，但被视为宋朝谈经的创始人，著有《五朝春秋》，据说还有名为《经术传》的作品——后者可能成于贾昌朝之手。贾昌朝是王轸的女婿，也是他的门人。因后世形成的学问派阀的关系，贾昌朝并不知名，但他在宋代新学形成史上占有重要的地位，其著作《群经音辨》一直流传至今。贾昌朝学问的正统继承人是王安石，王安石曾著有《字说》。经学终究是古典学，科学的古典学研究首先要从语言学的分析开始。贾昌朝和王安石的学统都是从语言学或文字学（小学）的分析出发，在科学分析这一点上，不同于当时的其他学派。王安石的弟子陆佃著有《埤雅》，也流传至今。

王安石被神宗任命为宰相后，对科举制度进行了改革，进士科取消诗赋，试策论的同时首次采用经义。王安石亲自著述《三经新义》作为经义的参考书乃至教科书，三经是指《诗》《书》《周礼》。之所以礼采用《周礼》，而非《礼记》和《仪礼》，是因为《礼记》其实是记而不是经，《仪礼》过于烦琐不足为用，《周礼》则是朝廷规定的周朝一代的大典，从中足以知晓政治的理想。此外，王安石还主张《易》和《春秋》都是哲理或者政治批判，不是培养士人的正道（《陶山集》）。

王安石的学说绝不是以假大空的想象附会成事，而是在充分研究古注疏的基础上建立新说。此事朱子等人也是认可的。又据陆游所说，王安石曾经将一部《诗经注疏》都读烂了（《朱子语类》卷一〇九，《老学庵笔记》卷一）。

哲宗初年旧法党执政，新法党的政策被完全推翻，科举上也取消经义，只考诗赋。然而，经学的流行已经成为不可逆转的大势，排斥的只是王氏的学说，最终进士的考试定为经义、诗赋、论、策四场。哲宗亲政后再用新法党，将诗赋排除出科举，只考查经义、策、论。

北宋中期以后的谈经，除了太学派的经义，还有在野的新学派。比如以周敦颐为祖师的程颢、程颐兄弟。程颢（伊川）是与王安石、司马光同时代的年轻政治家，在经学领域给后世带来巨大影响的是他的弟弟程颐（明道）。进入南宋后，程氏之学得到宰相赵鼎的大力扶持。而赵鼎的政敌秦桧则继承了王安石的学统，秦桧在政治上得势，学问上程氏之学受到打压，直到朱熹的出现，才在民间取得了不可动摇的地位。至南宋末年，其他学派开始被打压，程朱之学独尊。尽管朱子本人也批判当时科举经义的出题方式，但以后元明清各代的科场，朱子学派的新注都被奉为金科玉律，特别是除了五经，还在朱子尊崇的四书中出题，明代的官修考试参考书除了《五经大全》，还出现了《四书大全》。

进士科的考试内容与时代变迁平行，而答案的文体也在发生变化。宋初的科举预备学校以京城太学作为本部，新文体的流行就是从太学考试开始的。地方举子为了不落后于潮流，纷纷离开桑梓涌入京师游学，人数多时竟达到几千人。当时流行的太学体是一种玄怪猎奇的文体，推崇新意，以奇制胜。仁宗嘉祐二年（1057年），欧阳修知贡举时痛批新文体，当时有名的考生全部落第。成绩发表之日，心怀不平的举子围在欧阳修的马前吵闹，差点就酿成大事。不过，这一年程颢、张载、朱光庭、苏轼、苏辙、曾巩等名家都及第了。此后文风大改，欧阳修倡导的达意文体风靡天下，为宋代出现文章的黄金时期奠定了基础。

六朝到唐朝都推崇四六骈俪文，爱用四字句和六字句的单对，或是四四、四六的隔对。欧阳修的复古文排斥这样的技巧，以创作《史记》《汉书》般简明达意的文章作为目的。不过，中国文学中爱好对仗的风气不是一朝一夕能够改变的，再次复活后就成了后来的股文，但股文的对句不限四六，而是以同样长度的几句两两相对，由此破除单调。朱子的《中庸或问》就常常使用这种句法：

> 盖天命之性，仁义礼智而已。
>
> 循其仁之性，则自父子之亲。以至于仁民爱物，皆道也。
>
> 循其义之性，则自君臣之分。以至于敬长尊贤，亦道也。
>
> 循其礼之性，则恭敬辞让之节文，皆道也。
>
> 循其智之性，则是非邪正之分别，亦道也。

（《中庸或问·天命之谓性章》，铃木虎雄：《股文比法的先驱》）

后世科场中流行这样的新技巧，其雕琢细节的做法令人生厌，但不作对偶就会被定为没有价值，有志于进士者都必须经过这一阶段的考验。实际上，这样酸臭味的文体是科举场所专用的，并没有实际意义，人们称为"时文"给予特殊对待。

不容忽视的是，近世科举的流行还有侧面的促进因素。宋代以后，随着印刷术的发展，书籍变得普及。唐代的书籍流通还很少，一般被视为门阀的世袭财产，尽管唐末印刷术勃兴，但付诸印刷的书籍也不过简单的字书而已。五代时期，宰相兼学问保护者的冯道印刷了九经，这是值得大书特书的。进入宋代后，政府印刷刊行各类书籍，印版收藏于国子监，如果有请书者，就收取一定价格后颁布。后来民间书肆兴起，印刷古典和当代名人的文章，甚至大相国寺的市上都出现了书肆。毋庸赘言，新著的使用者多半是有志于科举的学生。书籍的普及将新潮流迅速传播到远方，各地举子的学业又促进了地方文化的开发。书籍已经不再是排他性的门阀贵族的私有物，对于稍有资力的人来说，学问的大门已经敞开。

然而，科举和纯粹的学问之间还是有差别的。科举只是任官的门槛，对学问发展的贡献也有限。进士一旦及第就会远离学问，很少有人继续沉迷于书籍，这也正是唐朝以来有识之士哀叹的地方。比如，韩退之写道"墙角君看短檠弃"，还有宋代陈后山的诗中描述一旦通过吏部之选就将笔砚收拾起来的情景，说的都是这种状态。

从科举的性质来说，及第不一定需要有深厚的学问。正如唐代杨绾所指出的，举子幼年就争相诵读当代人的诗作，长大后则致力于博文，但不越出诸家之集，六经尚未开卷，三史皆同挂壁。因此，举子的学力是很可疑的。北宋英宗治平年间（1064—1067年），太学策问中出题"体貌大臣"，有人的答案写道：文相公（文彦博）、富相公（富弼）等皆是大臣有体者，冯当世（冯京）、沈文通（沈遘）等都是大臣有貌者。考生可能是认为文、富二人体型丰硕，冯、沈二人容貌俊美，当时的嘲讽王刘原甫（刘敞）后来给冯、沈二人起了绰号叫作"有貌大臣"（《扪掌录》）。

策论成为进士科的重要项目后，出现了与此相关的一些参考书。其中有很认真的作品，如宋代郑樵的《通志》、马端临的《文献通考》、章如愚的《山堂考索》等，至今对学者们裨益颇大。这些参考书省去了通览历代史书的麻烦，特别是叙述尚未成书的当代制度沿革，给举子带来很大便利。这些文献至今仍是学界的重要资料，但也不难推测，此外应该还有很多类似的失败之作。如苏东坡所说，"近世士人纂类经史，缀缉时务，谓之策括。待问条目，搜抉略尽，临时剽窃，窜易首尾，以眩有司，有司莫能辨也"。

经义领域更有多种追赶潮流的出版物。经书中可以出题的地方大体是确定的，举子如果只以通过科举作为目的，就没必要从头到尾钻研浩瀚的经书，在容易出题的地方考虑对策或者押题才更有效果。于是，经书抄略和俗解泛滥起来。清代多次颁布禁止出版经书节略的法令，但都没什么效果。

科举的过热势头导致了科举和学问的分离，这样的倾向自古存在。宋代神宗时虽然盛行经义，但"士大夫至以佛老为圣人，鬻书于市者，非庄老之书不售也"。总之，生活所需的学业和心灵食粮的学问背道而驰。尽管发达的宋学中加入了佛教哲学，以太极无极学说理解经书后来被视为正统儒学，但真正好学的士大夫往往被佛教吸引。伴随朱子学的兴起，举子自然抛弃古注疏而投向新注，但他们最爱读的不如说是大儒留下的语录。到明代王阳明时，这样的学风发展为语录为主、经注为辅的倾向。清代的考证学作为其反动而诞生，试图从语录之学转向新注之学，从新注之学回归注疏之学，形成了所谓考证学和汉学。

　　乾隆时期，考证学已经完全压倒了宋学，书店中很难买到朱子的新注。不过，当时的科举依然将宋学作为前提，因此参加科举时还是必须站在宋学的立场上。如前所说，即便不依赖新注而通读经书全文，便利的节略本也随处可见。当时读书人的理想是，跟随潮流参加科举，以优秀的成绩进士及第，任官后将时间和金钱花在自己喜欢的考证学上，在学界出名，立下不世之功。举业几乎已经不被认同为学问了。

　　但是，这也不意味着当时的士大夫都对科举失去了兴趣。相反，他们在科举上投入越来越多的兴趣，只不过更多是带有社交的意味，而非学术的意味。"科场不论文"，就是表达了学问人对于科举的不信任。一省学政号称掌握该地区的文衡，学政的好恶能够短时间内改变举子的文体，因此，新学政的任命成为学界的话题，但这终究是社交性的趣味，正如相扑和棒球的胜负会成为街头巷尾的话题一样，这是无法选择的。近世士大夫常常喜欢将科举作为戏曲、小说的题材，《西厢记》也好，《琵琶记》也好，《还魂记》也好，无不如此。

童生教育与童子科

　　宋代以后科举兴盛，士大夫的子弟从小读书，专心准备参加科举，初学教育的顺序基本已经确定。八岁入学，先读小学，习楷书，读书每天限一本。这不仅限于幼时，朱子的教诲就是如此。

尽管时间和资质各异，最初一二百字，渐渐增加到六七百字，年长后，一天最多一千字。书中的大段必须反复细分，每个小段看读百遍、背诵百遍，然后整个大段背诵二三十遍（《读书分年日程》卷一）。朱子所云"读书百遍，其义自见"绝非易事。十五岁到二十三四岁，可以拥有参加科举的实力。此外，只要以科举作为目的，经书之学最终都需要背诵。如果学习经书，十三经中除去《尔雅》，必须背诵六十二万字，具体统计如下：

《论语》：11705字

《孟子》：34685字

《孝经刊误》：1903字

《周易》：24107字

《尚书》：25700字

《毛诗》：39234字

《左传》：196845字

《公羊传》：44075字

《穀梁传》：41512字

《周官》：45806字

《仪礼》：56624字

《礼记》：99010字

合计：621206字

（依据嘉庆元年版《读书分年日程》跋）

　　因此，经书自古便依据字数和难易分为"大经""中经""小经"。大经指《左传》《礼记》，小经指《易经》《尚书》《公羊传》《穀梁传》，其他称为中经（但《论语》《孟子》《孝经》另称为"兼经"）。如果童生中有比众人早熟的优秀者，自古就设有童子科可供应试。这只是出于奖励学问，其实童子科出身者几乎没有大成的。唐制十岁以下通一经及《孝经》《论语》者，视为童子科合格。宋代也有童子科，真宗景德二年（1005年），晏殊以十四岁应试，考察诗、赋各一篇，获赐进士出身。不过，十四岁已经算不上真正的童子科了。仁宗皇祐元年（1049年），何正臣、毛君卿以七岁应试童子科，当时仁宗皇帝无嗣，见两人年幼却悟性很高，出于喜爱专门将他们留在宫中数日。正臣善写大字，宫中有人拿出裙带请他赐字，正臣就写了"关雎后妃之德也"。君卿聪慧不及正臣，但有一次天子拿一个梨分给两人，君卿犹豫不接，被问起缘故后答道："父母在上，不敢分离。"天子见两人都深明大义，在便殿赐予童子出身。正臣官至宝文阁待制，君卿为朝散大夫（《独醒杂志》卷一）。在今天来看，这样早熟的教育方法很值得商榷，王安石也有《伤仲永》（《唐宋八家文》）一文。

　　成人科举中有从所谓五经中出题，即便在经义流行的明代，各人也可选取五经中的一经，从中出四道题目，这一制度延续到清朝中期。然而，举士的选择可能产生不公平现象，于是从乾隆五十二年（1787年）起，五经题改为从全部五经中出题，举士们统一作答。这样虽然消除了不公平，但也着实增加了举士的负担。不过，这样的改革也只有在清朝经学盛行的社会背景下才能够实现。

第四章

科举制度的崩溃

新教育制度的出现

　　清朝的官吏任用法以国初草创时期为第一期，经过科举全盛的第二期后，进入了第三期的奖励学堂时代。第三期仅为光绪末年到宣统末年的短暂时间，但确实是划时代的巨大变革。"学堂"即学校，但清朝的学校通常是指有名无实的旧式学校，尽管存在建筑，但很少实际授课，只是负责学生学籍的事务所。学生通过考试入学，仅仅是获得该校学生的资格，作为参加科举的一级台阶而已。虽然学校在制度上独立于科举，但实际上隶属科举，这是清朝学校制度的特色。因此，本书将学校制度作为科举的前提进行了介绍。

　　学堂则是西洋式学校，是在一定的建筑物中接收学生进行教育的机构。最早的学堂是同治五年（1866年）创办的福建船政学堂，随后上海机器学堂、天津水师学堂，以及天津和湖北的武备学堂相继创立，但当时只是采纳西洋技术的长处。到光绪末年，为了取代科举选拔人才，才以革新的目标将学堂制度推广到整个教育界。义和团事件的第二年，光绪二十七年（1901年）颁布《学堂章程》，二十八年（1902年）京师大学堂开学，张之洞等三人被任命为管学大臣。《学堂章程》在光绪二十九年（1903年）加以修订，主要是模仿日本的学制。尽管因为财政困难未能在全国范围内统一建立学堂，但基于《章程》的新式学堂以大都市为中心逐步发展起来。

新式学堂推行普通教育，分为小学堂、中学堂、高等学堂和大学堂，相当于日本的小学校、中学校、高等学校①和大学。进行职业教育的有师范学堂、实业学堂，实业学堂又有农业学堂、工业学堂、商业学堂和商船学堂等多种，各分为初等、中等、高等三个阶段。此外，作为应急，建立了译学馆、仕学馆和进士馆。译学馆教授日语、英语、俄语和法语，修业五年后聘用为外交官或外语教师；仕学馆接收官吏，进士馆接收新进士，都教授法律、政治、经济等新学问，三年以后任官。

然而，学堂终究是教育机构，还必须给学堂毕业生附加官吏的资格。因此，《学堂章程》之外还设立了《学堂奖励章程》，用于调和旧科举和新教育，根据学校高低和本人成绩，分别授予进士出身、同进士出身、举人出身等身份。

大学堂的毕业生根据其毕业成绩，最优秀者赐进士出身，任翰林院编修或检讨；优等生赐进士出身，任翰林院庶吉士；中等

---

① 日本的"高等学校"相当于中国的高级中学（高中）。

生赐进士出身，任用为六部主事；下等生赐同进士出身，留在大学堂一年，再次考试后就任实官。

高等学校毕业生几乎都赐举人出身，进入大学堂。如果希望即时就职，最优秀者送学政大臣覆试后，任用为内阁中书或知州；优等生同样在学务大臣的覆试后，任用为中书科中书或知县；中等生补用部寺司务或通判；下等生留学堂一年进行补习，再次考试后分配相应官职。

中学堂毕业生由地方官厅派遣考官，会同学堂负责人一同举办毕业考试，合格者进入上一级学堂。尽管《学堂章程》和《学堂奖励章程》已经制定，但实际的学堂建设无法指望在一天内完备。首先缺少教官人选，作为应急对策，向外国特别是日本派遣留学生接受新教育，回国后进行考试，合格者斟酌在外年数和学校高低，赐予进士出身、举人出身，或者给予翰林位阶加以优待。

义和团事件后，普通民众间庶政革新的风气兴盛，特别是日本在日俄战争中获胜，读书人流行留学日本，一时间留学东京的学生达到几万人。留学生在留洋期间，有人受到清廷始料未及的革命思想的感染，结果出现了"官费革命"这样的流行语。另外，在风气方面，在本国受到极端形式性礼仪束缚的读书人子弟，一旦单身赶赴异乡，脱离了父兄的监督，就会产生放纵玩乐的倾向，《留东外史》[1]等通俗小说中反映的自甘堕落的生活就出现在

---

[1]《留东外史》：以中国留学生在日生活为内容的小说，作者向恺然（笔名平江不肖生），1916年5月出版，此后还有《留东外史续》《留东外史补》《留东新史》等。

这个时代。

光绪三十三年（1907年），清朝特别向日本派遣了留学生监督，致力于镇压革命思想。然而，清朝末年的政界腐败不堪，特别是清朝内部与革新思想对立的保守势力抬头，各项国政改革陷入举步维艰的状态，这就进一步促使留学生投身革命。来势汹汹的革命思想和革命运动终于使辛亥革命在宣统三年（1911年）爆发，同年①实现了清帝退位的巨大革命。

以上将清朝官吏任用法的变迁分成三个阶段进行了考察。如果将第一期算作天命元年（1616年）到顺治二年（1645年），第二期算作顺治三年（1646年）到光绪三十年（1904年），第三期算作光绪三十一年（1905年）到宣统三年（1911年），那就是如下的结果：

第一期	国初草创时代	30年
第二期	科举中心时代	259年
第三期	学堂奖励时代	7年

第一期时不存在固定的官员录用方法；第三期仅维持七年，即便从此前光绪二十七年（1901年）颁布《学堂章程》算起，也不过十一年。而且事实上新学堂出身者出任社会要职是民国以后

① 清朝宣统帝的退位时间是1912年2月12日，旧历为宣统三年十二月二十五日，因此作者称为"同年"。

的事，或许应当将这一时代视作民国的胎动进行考察，并不具备
清朝特有的色彩。因此，本书关于第一期和第三期仅满足于以上
各处的简略叙述，主要的探讨对象是清朝的主体部分，也就是连
绵约二百六十年的科举中心时代，其间的法制和实施情况都进行
了详细的叙述。

科举制度崩溃的意义

上文以清朝科举为中心，旁及各种官吏录用法，精粗参差地
介绍了大略，特别是作为科举的特殊现象，将科举与原本性质不
同的学校制度相混合，指出了学校制度隶属科举的事实。这并不
是从清朝开始的，而是明朝就已经存在的现象，这一事实也是中
国近世官场腐败堕落的重要原因之一。如上所述，科举是"取士"
的环节，是纯粹的官员录用制度，学校是"养士"的环节，应当
是教育制度。但近世中国的学校是通往科举的预备阶段，没有教
育之实，演变成一连串的考试制度。那么，学校的科举化是在怎
样的社会背景下进行的呢？可以说，那就是近世中国将政治权力
让渡给民间。

一般认为，近世中国的政治是独裁专制，事实也的确如此，
但这种独裁专制在有些领域极为严格，在有些领域又非常宽松。
概而言之，盐的专卖、商品课税等有关政府利源获得的领域实行
极为严格的统制，但增进民众福祉的公益事业则通常成为政府财
政的负担，因此出现了将这方面政治权力尽可能让渡给民众的

倾向。

政治权力让渡民间的一个例子是官吏俸禄的支付。如果参照《会典》，官吏的俸禄额度和支付方法都有十分完备的规定，但从实际来看，官吏从政府获得的俸禄只是实际收入的几分之一，甚至是几十分之一。比如官居二品的总督，其正俸为每年白银155两，此外还有一年白银1.3万至2万两的养廉银。尽管待遇非常优厚，但身处清朝豪奢的交际社会和官场，依旧是不够的，于是民间就出现了筹集资金为总督过生日的惯例。根据孙中山的说法，李鸿章的弟弟李瀚章在任两广总督时，其僚属曾筹集资金100万两白银为其祝贺生日。这样的费用当然不能从公款里出，即便某个僚属从自己的收入中支出，最终也还是由民间负担，这是非常明白的事。问题不在于金额的多少，而在于手续，用所谓"笑啼并作"的方法使民众中稍富裕者捐助，此时站在官民之间沟通意愿的就是胥吏。胥吏非官非民，就好像在官府门口开设门户，以代笔作为自己的职业一般。他们在官府内有事务所，为官员服务，负责民众的租税和诉讼事务，从中收取一些手续费，这是中国近世新出现的职业。胥吏的弊害在唐宋时代就已出现，明代开始显著，到清朝变得非常严重。胥吏的出现，本身就引发了政府将一部分权力让渡民间的结果，也就是说，政府省去了亲自任命必要的官吏并支付俸禄的麻烦，所需要的人员由地方民众负担，让他们到官府中听候调遣。不仅是胥吏，就连正式的官员也无法从政府获得充足的俸禄，必要的金额习惯上靠自己从地方上调度，上至总督下至知县，都只能出于这样的目的使役胥吏。于是，权力集中的地方，自然产生了吸收财富的倾向。据说就连比较下层的知县，一代为官就能积聚供子孙三代玩乐的财富。这正是中央政府将扶养官吏的权利和义务让渡民间所不可避免的结果，官员中饱私囊的弊害在各王朝末期都尤为显著。政治权力的民间让渡，因为中间存在胥吏这一不纯的媒介，故而无法对民间自治制度的繁荣寄予希望。

政府将教育的权利让渡给民间几乎也是一样的。就《会典》而言，京师有国子监等各级学校，地方的府县学各自任命教官，各项制度似乎都很完备，但实际的教育有名无实，所谓学校只是徒有四壁的表象。然而，政府又以文治主义作为国是，将精通古典作为官吏的首要素质，因此有志仕途者都必须首先求学。实际从事学问教育的机构多数是私立，或者名为公立而实际带有私人性质的书院，又或者是由类似寺小屋①的机构担任，府县学的教官基本是不参与的。这一事实正是政府将教育的权利让渡民间的反映——教育事业这样耗费极大的部门，与其政府自身经营，不如委予民间更为便利。学校制度很快名存实亡，只停留于法典之上，学校教育实际隶属科举，变为科举的预备考试也便顺理成章。因此，这些民间机构的设立纯粹是作为科举考试的预备学校，其目的是从当地缙绅社会中更可能多地推选人才送入官场，使自己党派的势力持续扩张。朝廷为这种形势发愁，乾隆时期多次下达

①寺小屋：日本江户时代在寺院设立的私塾，主要教授町人子弟读写和计算等，也作"寺子屋"。

上谕戒饬士风，但既然拱手将教育权利让渡民间，实际上也就失去了管理教育的发言权。不过，值得凭恃的科举之权仍然由朝廷掌握，于是，朝廷致力于将科举的效力发挥到极限，结果只能是不断地增加考试，把科举制度变得更加复杂困难而已。反过来看，政府虽然向民间让渡了教育权，但将科举权抓在自己手中，结果对地方自治的发展可谓毫无贡献。

既然朝廷将扶养官吏的权利让渡民间，如果还要求官吏成为股肱，为国家鞠躬尽瘁，这样的要求自然效力有限。虽然还能坚守祖制，用前代官吏的规范来要求下一代官吏，但如果期望他们顺应变动的天下形势，通过自发努力做出新的贡献，那是不可能的。国政改革这样的困难事，对于已经地位稳固的官吏来说，是非常危险且必须回避的。这也是清末官吏阶层最为保守而成为改革阻力的原因之一，科举也不例外。

清朝科举中，对于考官等办事员能够期待的极限就是保持公平，也就是公正无私地评分，给予考生平等发挥各自实力的机会，即所谓"严关防"。但到了清朝末年，连考官的公平都变得无法期待。咸丰八年（1858年）的乡试，各地都有不正风气，但遭到揭发的只有河南省，挖补（裁剪拼接）的试卷达到四十份。就连天子脚下的顺天府也未能幸免，正考官柏葰受家人请托，考试之后偷换答卷，帮助罗鸿绎通过考试。柏葰是蒙古人，科甲出身，历任内务府大臣、军机大臣等要职，当时是一品内阁大学士，事情暴露后因罪问斩。我们不仅能够看到对科场内不正当行为的问罪多么严厉，同时也能看到，即便如此仍有接连不断的不正当行为。

孙中山说，李瀚章为两广总督时，督署中出卖科第，每三千两银子可以为一个人打通关节。需要考虑的是，科举制度的废除自然是因为清朝在西方文明的冲击下，认为旧有官吏任用法已经完全不合时宜而做出的决定，但同时也是科举制度本身从内部走向崩溃，再顽固的保守主义者也不得不承认其中的弊害。

清末取代科举的学堂奖励法试图将教育的权利重新收回中央，其样式是西洋的，特别是模仿了日本的制度，但采用新制度的理由据说是接近中国的古法。这先不谈。发展新起步的教育所面临的最大困难，就是没有财源作为经费，其次是缺乏指导和统率的人才。此外，教育必须以其他社会现状作为背景才能有效推进，但新教育启动时，与之关联的其他行政组织依然保持着旧态，新教育机构是被旧社会隔离起来的先进。革命思想和革命运动在这样的氛围中成长发展，他们抛开清朝所期望的自强目的，并最终灭亡了清朝，成为建立中华民国的原动力。

以上是站在以清朝为主的立场上论及科举制度的崩溃，但以此作为本书的结论还不够充分。毕竟科举不仅是清朝二百几十年的制度，还实际在中国社会有着一千三百多年的历史。因此，科举的崩溃其实也是延续一千三百年的制度的崩溃。我们必须用长远的眼光，再次站在整体中国史的立场上，重新考察科举制崩溃的意义。

科举既是中国性质的，也是儒教性质的。唐朝时由于王室为李氏，所以将老子定为祖先，科举中也尽可能掺入了老庄的色彩，但这并不意味着科举的儒教性质已经改变。这些努力随着唐朝灭亡而完全消失，在后世没有留下任何痕迹。

儒教是不是宗教，这是反复讨论的问题。这一问题不止关系着儒教，也是宗教本身的问题。反过来说，这取决于能否将儒教包含在宗教的概念之中。将儒教视为宗教时的宗教概念，与不将儒教视为宗教时的宗教概念，多少应该存在差异。但需要注意的是，"宗教"一词其实是西欧语言religion的翻译，而西欧的religion，本来是指基督教。由于是将类似基督教的事物依次纳入religion的概念之中，作为外来词的"宗教"总会带上了基督教的色彩，容易以基督教为中心讨论宗教。但在今天，我们不必拘泥于这样的来源，而应该站在最公平的立场上谈论宗教。

儒教已经具备了不容怀疑的五经或十三经，其中一部分是规定从日常坐卧行住到婚丧嫁娶的生活之礼，还有一部分是阐述宇宙论和关于人性论的儒家哲理。它们其实就相当于佛教中的经律论，具体来说，《周易》《诗经》《尚书》《春秋》是经部，《仪礼》《周礼》《礼记》是律部，春秋三传、《论语》、《孟子》和性理诸书是论部。既然这些文本规范了生活，赋予了宇宙观和人性观，提供了社会性和个人性安心立命的地盘，那么即便信仰的中心对象是略为含糊的"天"，也不妨碍我们将儒家理解为宗教。

如果将儒教视为宗教，儒士自然就相当于儒教中的僧侣，而主宰僧侣、垄断祭天权力的皇帝无疑就是法王。那么，给读书人公共地位的科举就可以比作儒教的僧侣剃度学术考试。不过，儒教本身绝不是三千年不变的固定之物，唐以前的儒教无论形式还是内在，都没有充分组织化。宋代以后科举逐渐定型，特别是论部的发展令人瞩目，诞生了所谓的性理之学。其集大成者就是朱子，朱子最值得注意的是编纂了《朱子家礼》。古代的礼经支离破碎，还有相互矛盾的地方，朱子将其加以整理，给婚丧嫁娶仪式确立了一定的规范。可以说，儒教具有完备的经律论是由朱子完成的，朱子才是使儒教成为宗教的大功臣。

如此看来，中国是政教合一的典型的法王国家。只是作为法王的中国皇帝政治色彩太重，作为僧侣的官僚同样过于政治家化，比起宗教，科举也带有过多的政治性意味。科举无论从行使方还是接受方来看，都不可能是非常良心的制度，原因就在于政治色彩太浓。

清朝末年，政教一体的法王国家面对西欧新文化，不得不迎来剧烈的动摇。尽管没有意识到，但采用新学任免官吏的尝试无疑就是政教分离的第一步。政教一体基础上的法王（即皇帝）的地位，也不得不因为政教分离遭受深刻的打击。即便清朝不是满族出身，中国国民没有卷入攘夷运动的旋涡之中，这样的统治能够持续多久也值得怀疑。由于法王性皇帝政治的终结，中国完全成为政教分离的国家。面对这样的局面，原本在思想界占据领导地位的康有为一派在民国后仍高唱着保存孔教，被视作复辟论者也是理所当然的结果。

随着社会朝向政教分离的方向不断前进，人们开始反思昔日政教一体的弱点，激烈地批驳保教者的论调。思想革命运动不是本书的话题，这里只介绍一篇鲁迅的短文《孔乙己》，其故事大致如下：

镇江鲁镇的咸亨酒店有许多穿着短衣和长衫的客人。短衣的是劳动者，站在柜台前一边吵嚷一边喝酒；长衫的是上等宾客，都去了隔间。只有一个穿长衫的人是站着喝酒的，他身材高大，苍白的脸上布满了伤痕，花白的胡须乱蓬蓬地长着，穿的长衫恐怕十多年没有修补和洗过了。他就是半个秀才（佾生）都考不上的书生孔乙己先生。孔乙己点了温酒和茴香豆，和跑堂的少年搭话，比如"你知道茴香豆的'茴'怎么写吗？'茴'字有四种写法知道吗？"孔乙己有时连十九文的酒钱都拿不出，不顾读书人的身份去盗窃，脸上的伤痕就是当时受的伤。某个中秋节前后，酒店黑板上孔乙己亲手写的"欠钱十九文"几个粉笔字很长时间没有擦去。随着秋风吹起，一天比一天寒冷。直到一天中午，孔乙己进了空无一人的酒店，高声叫道："温酒一壶！"但从柜台里面看不到孔乙己的身影。原来孔乙己瘸了，他是爬着进店的。孔乙己溜进某个举人家里偷东西被发现，殴打的时候打折了一条腿。他的脸又黑又瘦，身上披着破棉袄，用肩上挂下的草绳缠着腿，两手撑地，好不容易才爬进店里。孔乙己一边辩解是摔跤弄断了腿，一边用现金买了四文钱的温酒一饮而尽，十九文钱的赊账依然没有还清。从那以后，孔乙己再没有来过店里，大概是死在什么地方了。

尽管如此，我们也不能过分夸大科举的阴暗面。科举的理想是儒教主义的贤人政治，虽然方法上存在不完善的地方，但在期待绝对公正公平的各种措施上，仍有值得采纳的地方。关于科举的是非，古今东西都有议论，评价也各种各样。在东方，特别是中国本土，科举经常是负面的，但在西洋多半是好意的、同情的倾向，这一点不失为有趣的现象。也许是西欧人听说科举的理想后，夸大了它的效果，而亲身蒙受科举弊害的中国有识者则不禁为其流毒未尽而愤慨，甚至面对将科举复杂化、困难化并加以奖励的明太祖，做出了"其心术有过于秦始皇焚书坑儒"的辛辣评价。不过，科举之所以在西洋获得好评，应当归结为科举制首次传入时，十七至十八世纪西洋社会的落后性。定论一旦建立，就会给后世留下深刻的影响，在这一点上我们应该倾听已故的原胜郎博士[1]的看法。

　　世人都说，中国的衰落是因为科举。呜呼，科举真的有罪吗？

　　议论者动不动就说科举祸国。清朝大厦将倾时，首先废除科举制度救国，结果科举废除没多久国家就灭亡了。如果将科举作为中国衰落的主因，那真是天大的冤枉。中国从一千多年前开始实行科举制度，其间请托勾结不断，无能之辈屡屡获得重用，但若由此论定科举效果微小，那就是夸大考试效果引发的歪论。近来文明各国任用文武官员之际，几乎都要进行考试，任用晋升必定依照能力，这很难不招来嗟

---

① 原胜郎（1871—1924 年）：日本近代历史学家，京都帝国大学文科大学教授，专攻西洋史、日本史，通过西洋史研究提出日本同样存在中世的观点，代表作有《南海一见》《日本中世史》等。

怨之声。为什么唯独责难中国的科举制呢？科举制值得采纳的点在于原则，官吏任用以公平为第一要义，最崇尚自由竞争。欧美各国在所谓旧时代的十八世纪无须赘言，进入十九世纪后，前半叶也未实行考试任用制度。即便在欧洲各国中号称先进且最民主的英国，以自由竞争为原则的文官考试制度也是在1870年以后才广泛采用；至于武官任用，则长期采用买官制，直到1871年。当时反对废除买官制的人说，考试任用法虽然多少能够期待公平，但恐怕公平的美名之下，不世出的人才只能老死于空山了，卖官制度固然有其弊害，但俊杰一跃就能到达合适的位置，不应该遽尔更改采用考试法……如果将采用考试法引起的人才拥塞之弊，与选拔俊才名下的嬖幸宠进之祸相比，两者的利害得失洞若观火。况且初任之际采用考试法，何以必然妨碍以后选拔新颖的人才呢？非议这样的考试法，是因为预设了考试不合格的人中一定有很多人才，这难免沦为脱离实际的空谈。欧洲各国如今多采用考试法，北美合众国也吸取滥任的教训，自1883年起实行文官任用考试，这无疑是进步的大势所趋。中国自千年以前实行科举考试，历代逐渐加以改良，最终出现了南京贡院般巨大的建筑，这是最值得肯定的，而不应当嗤之以鼻。主义透彻与否姑且不论，通过考试广泛选拔人才，这一点远远领先欧美各国，这也是中国成为先进国的原因。中国的文明已经达到了发达的顶点，而且长期免于解体，得以维持权威性，这主要是科举的成就，它防止了阶级制带来的腐败。如果中国没有科举，其文明的末路无疑从数世纪前就开始了。

议论者又说，科举的原则很好，但实际考试的方法不得当，考的不是经世济用的学术，而是拘泥为诗文为主的八股旧套，这一点最值得讨论。此说看似有理，然而，所谓恶税使征收便利，能够保障财源，而所谓良税使征收繁杂，经常不能适应征税的目的，这是管税人经常叹息的地方。如果可以不征税则无须多论，但国家是必须收税的，税法的好坏只能是第二义的问题。就像我们应当同情收税者的苦衷一样，如果国家门户开放，为了公平任用人才，采用怎样的考试方式都是必要的，那么考试科目的是非就只是枝叶问题了。实行科目考试，总比什么都不实行要好，从这一点上来说，考试科目的好坏显然不应该成为影响科举评价的累赘。

进一步而言，即便论及科举的考试科目是否妥当，我们也不应一概斥为迂腐。如果因为科目中没有包含近期西洋盛行的政治、法律等学科，就将科举视为无用之物，那是巨大的错误。除了裁判官、技术官、翻译官等不得不将重点放在特殊技能知识上的职务，其他一般文官候补者的第一必需条件，在于高等的常识、明晰的理解力和绅士必须具备的素养，其次是记诵法律规定等。在1876年制定的英国高等文官考试科目中，除了罗马法、英吉利法、政治学、经济学、经济史，还有近世语的德、意、法、荷、西等外国语言和文学，古典有希腊语、拉丁语、梵语、阿拉伯语，以及理论数学、应用数学、博物学、英国史、希腊史、罗马史、近世史、哲学和伦理学等。这颇令我们满意，理解力暂且不谈，尽管常识和修养很难通过一场考试就判断孰优孰劣，但努力尝试比什么都不尝试强一万倍。从这一点来看，中国的科举以经学和诗文作为考试科目反而可谓得当。如果说中国的考试中没有常识和修养，除此以外还有复查的办法。特别是虽然没有设立历史科，但策问时需要论及时务，可以补足这一缺点⋯⋯

总之，科举不应当是一概加以排斥的坏制度，反而有足以大加称赞的地方。就如各民族的盛衰荣辱一样，各民族创造的文明也自有定数⋯⋯中国文明在几个世纪前已经极尽完善，换言之，就是到了发展的终点，其停滞不是因为科举，只是运数已尽而已。(《贡院之春》)

以上是科举制创立以来未曾有过的卓越学说，只有思路明晰、学贯古今的博士才能得出这样的论断。由此看来，评价科举的功过并非易事。科举的考察不仅无法脱离中国社会，也无法脱离天下大势。科举的功过是养育它的中国社会的功过，其功过程度必须与世界的进步相对照，才能得出公平的判断。如果科举有功，那应当是一千三百多年前就树立了如此卓越的理想；如果科举有过，应该责备的是它将各界事物全都包含在儒教的氛围之中，后来不能进行本质性的改善，并且一直延续了一千三百多年。在这种无法超越的体制之内，有人肃清科举，有人将科举浑浊化，他们作为个人都无法逃脱史家的评判。我在解说科举的同时，也尝试触及与之相关的中国社会，可惜说不尽、道不详的地方还有很多。关于天下大势，我从一开始就认为自己不堪其任，所以只能抄写恩师原胜郎博士的高论作为结尾了。

以跋代序

"二战"以来，日本出版的关于中国的大小图书不计其数，但有关科举的专著却一本也没有，这着实是不可思议的现象。不过，我并不认为日本的知识水平在不知不觉间已经提升到了这样的高度，对于科举制度可以明白得无须出版专著。相反，一般日本人在论及中国问题时总是武断的、抽象的，将历史研究视为学者的闲事而不予重视，学界也无法完整提供应有的材料，中国学的困境可见一斑。本书将整个科举制度作为研究对象，但要说是否有填补上述学界空白的雄心，我的回答是犹豫的。尽管科举制度已经消失，但作为横亘过去一千三百年的带有中国社会特色的特殊制度，对于我一人的学力而言，问题实在太大了。关于出版这本书的理由，必须先从本书的成书经过谈起。

1939年，我受东亚研究所委托，研究清朝官制和官吏任用制度。期限是两年，但作为中期报告，我起草了一篇以科举为中心的清朝官吏任用制度的文稿。后来发现这篇原稿有不符合东亚研究所要求的地方，于是就压在了箱底。就在我自己都快忘记的时候，去年冬天收到了秋田屋的出版邀请，这才将旧稿重新取出加以整理。关于科举的问题，我以前就很有兴趣，多少准备了一些材料，除了清朝，我还打算从古代探索源流，旁及科举与社会的相互关系，所以很快提笔进行了增补。

今年春天二三月之交，正如许多人经历的那样，我的身边也发生了很多事。战争愈发惨烈，空袭日益频繁，同僚朋友中应召入伍的人越来越多。其间，我作为一个从事学问的人，多少受到本能的驱使，希望整理以前的研究留给后世，于是面对未写完的稿纸发奋起来。这导致了前后脉络不统一，有很多重复的地方，甚至不能保证没有矛盾抵触之处。不论其他，当我不顾妻子挨饿而终于脱稿之时，正好收到了召集令状，我做好了将这本书作为生前遗稿的心理准备。

然而，在我的原稿交给秋田屋后不久，就发生了大阪大轰炸。秋田屋总社和社长等重要员工的私宅都化为废墟。我听说后，不得不认为生前的遗稿也遭到了同样的厄运，但唯一的希望就是秋田屋引以为豪的一号金库留下了燃烧残余。我听说，轰炸前夜社长如同预知一般，下令在金库中放了一杯水。如果我的原稿也在金库中，或许还能够得救吧。经历烈火的金库需要时间冷却，而我告别的日子一天天逼近，最终我只能恋恋不舍地朝着营地出发了。

后来打开金库大门，我的原稿也幸运地在其中，这真是奇迹。文稿的校正委托了荒木敏一学士，我在爱知县下丰桥犬山附近为千叶县市川方面的航空军从事地下设施工程期间，印刷正在井井有条地进行。八月"二战"结束，九月初我回到阔别半年的京都，重新成为学者，此时印刷已经基本完成。我利用最后的机会做了若干补订，但不得不坦白的是，半年的军队生活使我的头脑变得迟钝，书中还有很多没有发现的问题。

"二战"后世界的局面为之一变，但我们不能因过分忙碌于日本国内问题，就移开历来朝向中国的目光。中日关系如今正在新的起点上迈出第一步，问题才刚刚开始。日本的全新对华政策必须立足于学问性的常识，决不能重蹈覆辙。本书以"科举"为题，而且是以过去的中国作为研究对象，即便仅就科举而言，如上文所说，我也没有完全的自信。不过，我终究不是问题的解决者，而是问题的提出者，我想这一点就是本书存在的意义。

宫崎市定

昭和二十年（1945年）十一月

解　题

　　如果将起源于公元前后的汉代、延续两千年的前近代中国社会与欧洲各国的历史进行对比，可以发现的最大特征就是官僚机构极其完备。在这样的社会中就任官僚，不仅意味着成为政治的担当者，同时也是文化的旗手。中国著名的诗人或书法家，一般都是高级官僚。因此，以怎样的制度录用官僚，无论在哪个时代都是人们最关心的事情。可以说，理解中国社会的一大关键就是官吏任用法。

　　汉代以后的官吏任用法大致经历了三次变迁。汉代实行的是乡举里选，简称"选举"，魏晋南北朝实行的是九品官人法，两者在他荐本位这一点上是共通的。从隋代到二十世纪初的清末，绵延一千三百年的则是基于自荐的科举制度。科举一般被视为高等官员资格考试，对近代欧洲各国和日本的公务员录用考试制度也有影响。

　　考察日本战后大学入学考试制度的变迁史和评价已经不是易

事，对绵延两千年的中国官吏任用法的史实和功过进行恰如其分的论述更是至难的事业，这一点无须赘言。关于汉代的乡举里选制度，由于相关史料缺少等原因，至今没有出现基于完备研究的著作，但九品官人法和科举则有京都大学名誉教授宫崎市定出版的菊判①《九品官人法研究：科举前史》（东洋史研究会，1956年）和《科举》（秋田屋，1946年），至今独享着名著的美誉。作为日本学士院奖颁奖对象的《九品官人法研究》是东洋史研究丛刊之一，出版方改为同朋舍后又有多次重印。但以史料丰富的清朝作为整理重点的《科举》却绝版已久，要求再版的呼声从未间断，因而此次在加入大量补订后，改名为《科举史》，以全新的包装再度问世。

作者六十年来从事亚洲史研究，无论地域上还是时代上都可谓无往不利，但他本业中的本业仍是广义的中国制度史研究。这一点从去年春天出版的第四部随笔集《独步吟》（岩波书店）所收《制度学》和《往事记》中都可以看出来。本书《科举史》是中国制度史研究的一大成果，关于出版前的经纬在卷首的序和卷末附加的"以跋代序"中差不多已经说完了，但考虑到有读者想知道更详细的背景，在此我再多说几句。

作者于大正十一年（1922年）四月入学京都大学文学部史学科，二年级时开始专攻东洋史，东洋史外的课程也积极出席。其

---

① 菊判：表示书籍尺寸规格的术语，通常为152毫米×218毫米，因该尺寸的纸张上印有菊花商标而得名。

中，狩野直喜①教授为期一年半的特殊讲义"清朝制度与文学"课程，不仅对作者后来的制度史研究产生了深远影响，同时也是其执笔旧版《科举》的直接原因。

作者在投稿给狩野直喜先生逝世纪念刊《东光》第五号（1948年）的《作为历史学家的狩野博士》一文（后收入《亚洲史研究第三》）中追忆道：

> 先生的讲义本身就很有意思，同时也让有志于历史学的我进一步领略到制度史研究的必要性。比起文学，与其说历史与制度的关系更加密切，不如说制度本就是历史的结晶。前年我出版的《科举》，其主干基本都是借鉴了当时讲义的后半部分，特别是援引《儒林外史》的部分，完全就是沿用了先生的讲义。

狩野氏曾协助法学专业的织田万②编纂作为《台湾旧惯调查会报告书》中点睛之笔的《清国行政法》。有关他对于科举的想法，此前只能通过《读书纂余》所收《清朝地方制度》了解，几

---

① 狩野直喜（1868—1947年）：日本著名历史学家，京都帝国大学名誉教授，京都学派创始人之一。曾赴法国留学，习得当时最先进的文献学方法用于敦煌文书研究。创立东方文化学院京都研究所，1944年获文化勋章。代表作有《中国哲学史》《中国文学史：从上古到六朝》《清代制度与文学》等。年
② 织田万（1868—1945年）：日本法学家，京都帝国大学名誉教授、常设国际司法裁判所判事、关西大学校长、立命馆名誉总长。早年留学欧洲，回国任教后专攻行政法。1906年在狩野直喜、加藤繁等人协助下编纂《清国行政法》，1945年死于东京大空袭。

年前作者在授课笔记基础上加以解说，出版了期待已久的《清朝制度与文学》（みすず书房，1984年），当时的情景如在眼前。

　　作者入学京都大学时的文学部长是西洋史的原胜郎教授，直到任职中去世的大正十三年（1924年）都在讲授十九世纪后期以后的历史。本书结论部分罕见地长文引用了《贡院之春》，该文附载于东洋文库之一的《日本中世史》。原氏说，即便欧洲各国中号称先进且最为民主的英国，广泛采用以自由竞争为原则的文官考试制度也是在1870年以后。英国的这一制度改革，是以外交官T. T. 梅多思出版《中国政治与民众杂感集》（1847年）为契机的，这可以通过最近翻译的D. F. 拉克的《中国形象的变迁》（收入《东方之智》，平凡社，1987年）得知。

　　在十七世纪中国文明被介绍到欧洲的过程中，起到重大作用的是耶稣会士，十八世纪后他们在中国失去了活动的场所，但十九世纪四十年代后，中国研究又由耶稣会士重新展开。进入九十年代后，耶稣会的中国的传教本部位于上海徐家汇，开始印刷A5版的《中国学杂丛》。该丛书共计七十卷，关于中国科举制，有艾蒂安·徐以法文写作的关于文科举和武科举的专著，分别刊登在第五集（1894年）和第九集（1896年）。前者约280页，后者约140页，内容十分详尽。由于当时还在实行科举，文中插入了丰富的图片。昭和十一年（1936年）春天起，作者作为文部省在外研究员，旅居法国两年多，致力于修读法国的制度学。执笔旧版《科举》之际，有一半的图片都是仰仗了艾蒂安·徐的著书。

借着此番改定，作者专门结合《九品官人法研究》广受好评的成果进行了增补。顺便一提，旧版刊行时负责校对的荒木敏一先生，后来出版了《宋代科举制度研究》（东洋史研究会，1969年）。

一般性的解说到此为止，下面我还想记录两三件私事。我在京都大学文学部就读三年级时开始专攻东洋史，第一次出席作者讲授的课程是昭和三十三年（1958年）四月的"隋唐时代诸问题"演习和"清代史料"为题的讲读。后者的文本就是去年连续出版的清代贺长龄辑《皇朝经世文编》卷二四的"吏胥条"（前年之前使用的文本是清代蓝鼎元撰《鹿州公案》，其成果后来作为东洋文库之一刊行）。

大学第一次汉文讲读的主题就是不熟悉的吏胥（即胥吏），由于文脉不通，我只能拼命地阅读辞典和参考文献。形势紧迫之下，精读的是上述狩野的《清朝地方制度》，选读的是作者的《科举》。当时通过卷末的"以跋代序"了解到，作者在应召入伍前抱着写遗作的心情写了原稿，尽管昭和二十年（1945年）三月十四日遭遇大阪大空袭，原稿却奇迹般地免于烧毁，在大阪市东邻的布施市印刷所付梓，九月初作者回归阔别半年的京都时，正好基本印刷完毕。读到这里，我心中不禁感慨万千。某个大轰炸的夜晚，七岁的我惊恐地望着西方熊熊燃烧的夜空，此后半年间，我离开布施市的双亲，被迫前往大和地区体验艰苦的疏散生活，当时的记忆全都被唤醒了。

三年级暑假我通读本书时，特别感兴趣的是通论风格的第三

章《近世中国社会与科举》。可能当时正以穆麟德（Möllendorff）[①]
的语法书作为文本学习满语，我感兴趣的还有第二章第三节的翻
译科举。进入研究生院后，我利用人文科学研究所开设"雍正朱
批谕旨研究"课程提供的机会，一口气读完了《清朝国语问题的
一面》（东方史论丛第一，后收入《亚洲史研究第三》），这才认
同了翻译科举条的论述依据。这篇论文中，作者巧妙论述了清朝
治下的文书翻译机关和口头翻译机关如何变迁，以及雍正年间设
置的军机处为何完全没有胥吏。敬佩之余，我在文末发现一小行
活字（"昭和二十年三月二十二日，应召前搁笔"），不由得屏住了
呼吸。原来，作者将《科举》原稿作为遗稿提交之后，一边担心
着因为轰炸而被毁，一边又在执笔趣味盎然的论考。作者真可谓
"铁石心肠"之人啊。

砺波护

1987年5月

[①] 穆麟德（Paul Georg von Möllendorff，1847—1901年）：又译"莫伦道夫"或"穆
林德夫"，德国语言学家、外交家。早年来到中国，受李鸿章之托监管朝鲜的海关和外
交，后因煽动"引俄拒清"被召回并罢黜，死于宁波。曾发明满文转写方案，一直沿用
至今。

出版后记

　　科举制度虽然在20世纪初已经终结，但它的影子依然活跃在我们的生活中，比如各省高考的第一名仍习惯称为"状元"，"春风得意马蹄疾，一日看尽长安花""朝为田舍郎，暮登天子堂"等与科举相关的诗歌还在传诵。而且科举制度与中国社会的关系远不止于此，因此，我们有必要从头厘清科举制度的发展历程、具体实施及其深远影响。

　　科举，即分科选举，是古代中国的高级官员选拔制度。古人总结科举制度源于汉，兴于隋，盛于唐，成于宋，本书作者亦是循着这条发展轨迹认识并阐述科举制的。

　　科举肇始于西汉时的贤良方正、直言极谏，以及东汉时的孝廉等科。魏晋时开始推行九品官人法，本意在于网罗人才，但后来却反而促进了六朝贵族制度的建立。而相较之下，北朝的豪族性质弱、官僚色彩强，因此中央集权王朝率先在北方登场。隋唐便是如此。进士科于隋朝大业年间设立常被视为科举制的开端，不过整个隋唐，进士科都不是科举的重点。之所以说科举兴于隋，是因为选择人才的标准从地方官的推荐转向了朝廷考试的成绩，以"才能优先"取代"德行优先"。宋代时，科举选才的权力终于完全掌握在皇帝手中，加入殿试环节，这在明清时成为定制。此时的进士科确立了经义、诗赋、策论三足鼎立的考试内容，糊名、誊录等防止弊端的手段也是在宋代出现。元代将科举考试正式确定为乡试、会试、殿试三阶段。此后明清承袭这一系列制度，科举制得以定型、完善。

明清时代科举的程序如下：平民童生必须先通过县试、府试、院试（即学校的入学考试）才能成为生员（秀才）。这一阶段考试属于学校教育，之后的乡试、会试、殿试才是正式的科举考试。通过乡试成为举人，便有了任官的资格，举人通过会试成为进士，进士通过殿试确定排名。

通过作者的分析，我们可以总结出科举制度的特征。第一，科举考察的是考生的个人才能，是基于自荐的选拔，打破了贵族门阀对官场的垄断。第二，学校制度因科举的盛行而得到极大发展，尤其是明清时期。第三，科举并未阻断其他举才的渠道，作为他荐制遗存的制科仍然延续；此外，还有任子、胥吏等出仕为官的方法。

本书与《九品官人法研究》堪称日本汉学名家宫崎市定先生作品中的双璧，是对古代中国科举制度的一次全面研究与总结，具有极高的学术价值。本书分量虽重，但语言轻松，结构精巧，作者在200余页的篇幅中展现了完整的科举制度发展图景。读完全书，相信读者们会感叹古人科举之途的不易，也能理解作者为什么会将科举称为"考试地狱"。

服务热线：133-6631-2326　188-1142-1266

读者信箱：reader@hinabook.com

后浪出版公司

2020年3月

图书在版编目（CIP）数据

科举史 / (日) 宫崎市定著 ; 马云超译. -- 福州：
海峡书局, 2023.12
ISBN 978-7-5567-1176-5

Ⅰ. ①科… Ⅱ. ①宫… ②马… Ⅲ. ①科举制度－研
究－中国－古代 Ⅳ. ① D691.3

中国国家版本馆 CIP 数据核字 (2024) 第 005591 号

Kakyoshi
by Ichisada Miyazaki
© Ichisada Miyazaki 1987
All rights reserved.
Originally published in Japan by HEIBONSHA LIMITED, PUBLISHERS, Tokyo
Chinese (in Simplified Chinese character only) translation rights arranged with
HEIBONSHA LIMITED, PUBLISHERS, Japan
through TUTTLE-MORI AGENCY INC.
本书中文简体版权属于银杏树下（北京）图书有限责任公司。

著作权合同登记号 图进字：13-2023-107

出 版 人：林　彬
选题策划：银杏树下
责任编辑：廖飞琴　潘明劼　　　　　　特约编辑：林立扬
营销推广：ONEBOOK　　　　　　　　封面设计：墨白空间·陈威伸

科举史
KEJU SHI

著　者：[日] 宫崎市定
译　者：马云超　　　　　　　　　　出版发行：海峡书局
地　址：福州市白马中路 15 号海峡出版发行集团 2 楼
邮　编：350004
印　刷：北京盛通印刷股份有限公司　　开　本：889 mm×1194 mm　1/32
印　张：8　　　　　　　　　　　　　字　数：171 千字
版　次：2023 年 12 月第 1 版　　　　印　次：2023 年 12 月第 1 次印刷
书　号：ISBN 978-7-5567-1176-5　　定　价：66.00 元